W9-BEB-108

Baudelaire

AN ANTHOLOGY OF FRENCH POETRY

AN ANTHOLOGY OF

French Poetry

THIRD EDITION

JAMES R. LAWLER

*Professor of French in the
University of Western Australia*

1969
OXFORD UNIVERSITY PRESS
New York and Melbourne

First published in Melbourne, Australia, in 1960
Second Edition, 1966
Third Edition, 1968
This reprint, 1976

Printed in the United States of America

Foreword

The object of this book is to afford an introductory survey of French poetry since the Renaissance. In making my selection I have sought to present a limited number of poets of recognized worth by means of some of their best, yet more accessible writings. Naturally, however, the degree of linguistic difficulty varies in these pages and few readers will, I suppose, be inclined to work consecutively through the anthology; for this reason, I should like to offer as a guide to teachers and pupils a tentative classification of titles into three groups which may be found suitable for elementary, intermediate and more advanced reading.

(1) *Elementary*: La cigale et la fourmi, Le corbeau et le renard, La grenouille qui se veut faire aussi grosse que le bœuf, L'huître et les plaideurs, La Flûte, Nuits de juin, Saison des semailles : le soir, Aux Feuillantines, Le Relais, Dans les bois, Les Cydalises, Chanson de Fortunio, Premier sourire du printemps, Fumée, La Source, Noël, L'Hippopotame, Chanson d'automne, Il pleure dans mon cœur…, Ce sont les travaux…, Paysage français, Sieste, L'Escargot, L'Escargot alpiniste, Chanson de la Seine.

(2) *Intermediate*: France, mère des arts…, Heureux qui, comme Ulysse…, Ode à Cassandre, Quand vous serez bien vieille…, Le loup et l'agneau, La mort et le bûcheron, Le berger et la mer, Le coche et la mouche, Le Cor, La Mort du loup, Vieille chanson du jeune temps, Demain, dès l'aube…, Chant du bol de punch, La Chanson du spectre, Fantaisie, Chanson (Musset), Derniers vers, Chinoiserie, Midi, Les Éléphants, Recueillement, L'Albatros, Soir de bataille, Antoine et Cléopâtre, Les Conquérants, Le Récif de corail, L'Heure du berger, Mon Rêve familier, Colloque sentimental, Green, Le ciel est, par-dessus le toit…, Ophélie, Le Buffet, Le Dormeur du val, Le Chaland, Le Moulin, Le Navire, Prière pour aller au paradis avec les ânes, Le Village à midi, La Vierge à midi, Aquarelliste, Les Sapins, Le Pont Mirabeau, Dans la forêt sans heures, Bonne justice, Page d'écriture, Le Cancre, Déjeuner du matin, Pour faire le portrait d'un oiseau.

(3) *Advanced*: The remaining poems.

I have much pleasure in acknowledging my indebtedness to the French publishers who have permitted me to include in this

Preface

This anthology will be of interest to the general reader and of particular value to the University student embarking on the study of French poetry, but it is intended mainly for the middle and upper forms of schools. Accordingly, in choosing his poems, Dr Lawler has always had accessibility in mind. But this criterion has never been allowed to weigh more heavily than literary excellence, and it is one of the originalities of this collection that it brings together so many beautiful but linguistically simple poems. Personal preference has, naturally, played its part; but the selection should prove wide enough for teachers to have no difficulty in finding poems they like to teach and for the ordinary reader to make exciting discoveries.

The expressive resources of French versification will be adequately revealed only by the voice and commentary of a good teacher, but Dr Lawler has set down the basic principles, without undue attention to confusing non-essentials, and in the notes following individual poems he has given stimulating hints on metrical structure. The individual poem and the individual poet are his main concern. The simple bio-critical notes, though incidentally they sketch the development of French poetry from Joachim du Bellay to Paul Éluard, are chiefly designed to suggest what is most personal about each poet's contribution and help towards an appreciative understanding of each poem. In the case of more complex works, an outline *explication* is offered, but usually Dr Lawler is content to define theme and tone in a short sympathetic paraphrase which readers will certainly find as stimulating as I have.

Poetry is not merely an important language-teaching instrument (one of the best ways of getting into the spirit of a language), it is, or should be, also the source of a very special delight. Dr Lawler, clearly, hopes to inspire a few with the love of French poetry that shows through in his own commentaries. This hope, one of the principal motives of any anthologist, explains and justifies the inclusion of a few poems which will extend the better students and at least intrigue the rest.

R. F. JACKSON
*Professor of French Language and Literature,
University of Melbourne*

CONTENTS

CONTENTS

CONTENTS

CONTENTS

CONTENTS

Introduction

Poetry, as we are well aware, compels us to pay attention to something more than its words signify. The best poems do not simply convey a meaning, although this they of course do in part. On the other hand, they are not just a pleasant combination of sounds, a verbal music. One may say that, however varied the inspiration, they constitute in essence an attempt to exploit all the resources of language to the best possible effect. The poet is the man who works with words and he, more than any of us, appreciates, and utilizes in his work, their full potential of sound and sense.

In order to develop to the utmost these resources poetry employs a number of conventions which vary from nation to nation according to the particular character of each language. Some such conventions are of vocabulary: in French, for instance, a rich aura of suggestion surrounds a whole series of words that poets have traditionally adopted (*pleur, ténèbres, baiser, songe, pur, ciel, cœur, âme, soleil...*). Yet quite as important as this gamut of words, if not more so, are the rules relating to metre, rhythm and rhyme which have been elaborated over the centuries. In the following paragraphs I shall resume briefly the main conventions of French prosody.

Metre:

Unlike English verse, whose regularity is based on the fixed number of accented syllables in each line, French verse is based on *the number of syllables, whether accented or not*. This difference is certainly due to no national waywardness but arises from the Latin origins of French poetry and, above all, from the unemphatic shifting rhythm of the French language ('une parole plane') which contrasts so markedly with the heavy stresses we have in English.

The procedure of determining the number of syllables in a line of French verse raises some difficulties, chief of which is that of the so-called *e* mute or unaccented *e*. Rarely heard in ordinary speech, the *e* mute is an important factor in versification, where it is pronounced lightly when it occurs in certain positions. Thus it always counts as a foot, and its presence should be indicated when the poem is being read aloud, if in the body of a line it is followed by a consonant. However when it is (1) followed by a word beginning with a vowel or *h* mute, (2) at the end of a line, (3) in verbal forms ending in *–aient*, or (4) found immediately after a vowel or semi-vowel occurring in the same word, it is not counted in scansion. Two lines from a poem by Victor Hugo will help make this clear:

> Lorsqu'un vivant nous quitte, ému, je le contemple ;
> Car entrer dans la mort, c'est entrer dans le temple...

Here now is the division into syllables:

> Lors-qu'un — vi-vant — nous — quitte — é-mu — je — le — con-temple
> Car — en-trer — dans — la — mort — c'est — en-trer — dans — le — temple

It will be seen that the *e* of *quitte* is not scanned as if it formed part of a separate syllable since it is followed by a vowel; likewise the final *e*'s of *contemple* and *temple*, at the end of each line, do not form with the preceding consonantal group an additional foot. On the other hand, we must count every *e* followed by a consonant (whereas, instead of *je le contemple*, we would normally tend to say in conversation *je l'contemple*). The *e* mute is then one of the vital factors of French prosody and the poet, by varying its position, is able to obtain some of his most subtle effects. According to Paul Valéry, it is like 'a shadow that an accented syllable seems to cast in its wake'.

In scanning French verse we should also note the following rules of syllabification. (1) A consonant between two vowels is counted with the following vowel (for example, *é-mu*). (2) When two consonants come together the first is counted with the preceding vowel, the second with the following one (*con-temple*); however *ch, ph, gn, th* are inseparable, as are *l* or *r* preceded by another consonant (*bl, cl, fl, gl, pl, br, cr, dr, fr, gr, pr, tr, vr*). (3) When three consonants come together in a word, the first two usually form part of one syllable, and the third begins a new syllable (as *lors-qu'un* in the lines quoted above); however combinations such as *bl, cl, fl,* etc. generally count as part of a new syllable (*en-trer*).

Rhythm:

Three-quarters of all French poetry is written in alexandrines, or lines of twelve feet; the remaining quarter is made up almost entirely of lines of eight feet (octosyllables). Other metres are sometimes used but, apart from lines of five, six, seven and ten syllables, are quite exceptional. Now, of these types, the alexandrine, which has been in use since the twelfth century, is the only one for which poetic convention has prescribed that a pause (*césure*) should occur regularly in the middle of each line; thus the sixth syllable should coincide with the end of a word as well as the end of a syntactical group, and divide the line into two symmetrical halves (*hémistiches*).

> Et la mer s'apaisait // comme une urne écumante

The rhythm of this alexandrine is, we observe, controlled by a precise balance, the fixed accents falling on the sixth and last syllables. However we notice that there is also a secondary accent within each hemistich: in this case secondary accents fall on the third and ninth syllables, so that the rhythm of the alexandrine is perfectly uniform (3,3,3,3). While this may be considered as the rhythmic norm of all alexandrines, poets achieve within the conventional framework great richness of rhythm, as well as subtle effects of timbre, by varying the position of secondary accents:

> Vivez, froide Nature, et revivez sans cesse (2+4+4+2)
> ...
> Oh ! combien de marins, combien de capitaines (1+5+2+4)
> ...
> Un vieux souvenir sonne à plein souffle du cor (6+3+3)

During the nineteenth century some poets found the classical line monotonous, and developed the so-called romantic alexandrine containing not three, but two pauses and, therefore, a ternary rhythm (*alexandrin ternaire*). Yet even its most fervent practitioners never sought to replace the older form completely, but used the new rhythm to introduce variety into long sequences. Here, for example, as used by Victor Hugo, is a romantic alexandrine followed by a classical one:

> Ton olympe, // tu vas le voir // du haut du ciel ;
> Tu vas du haut du vrai // voir l'humaine chimère...

Rhyme:

Much of the greatest poetry in English has been written in rhymeless verse; but although some modern French writers have tried to break away from the convention, rhyme seems a fundamental aspect of the genius of French poetry and is no doubt a consequence of the primacy of a syllabic system of versification. Certainly the poet's freedom is in a sense limited by the need to find a rhyme: he cannot say the first thing that comes into his head. On the other hand, if he is successful, he will be repaid by a richness of sound, and also by that combination of words which he would not have discovered had he not been forced to wrench it from a tussle with the conventions. 'Art', a modern writer has said, 'is born of constraint, lives on struggle, and dies of freedom.'

The basic rhyme-schemes are familiar to us from English poetry: *aabbcc* ... (*rimes plates*), *abab* ... (*rimes croisées*), *abba* ... (*rimes embrassées*). A rhyme can be 'weak', 'sufficient', or 'rich'. (1) A weak rhyme (*rime faible*) presents the identity of an accented vowel only (e.g. *soldat-combat*); (2) a sufficient rhyme (*rime suffisante*) has two elements in common: either the accented vowel and the following consonant (e.g. *arrête-conquête*) or the accented vowel and the preceding consonant (e.g. *cité-beauté*); finally, (3) a rich rhyme (*rime riche*) contains three or more elements in common (e.g. *fortune-importune*).

It is not enough, however, for a poet to employ rich or sufficient rhymes in order to rhyme well, for these must still be ordered according to the law of alternation that requires a rhyme which ends on an accented syllable (*rime masculine*) to be followed by a rhyme ending on an *e* mute (*rime féminine*). Eight lines, taken once again from Victor Hugo, will serve to illustrate this regular alternation of masculine and feminine rhymes, that forms a basic law of French versification, and one secret of a poetry whose exquisite diversity is founded in discipline.

> O Virgile ! ô poète ! ô mon maître divin !
> Viens, quittons cette ville au cri sinistre et vain
> Qui, géante, et jamais ne fermant la paupière,
> Presse un flot écumant entre ses flancs de pierre,
> Lutèce, si petite au temps de tes Césars,
> Et qui jette aujourd'hui, cité pleine de chars,
> Sous le nom éclatant dont le monde la nomme,
> Plus de clarté qu'Athène et plus de bruit que Rome.

AN ANTHOLOGY OF FRENCH POETRY

Joachim du Bellay

1522-60

The first twenty years of Du Bellay's short life were spent in Anjou, where he was born at the Château de la Turmelière near the river Loire. After studying law for a brief period in Poitiers, we find him in Paris in 1547 at the famous school of Renaissance learning, the Collège de Coqueret, in the company of Ronsard. Apart from a celebrated literary manifesto (*La Défense et Illustration de la langue française*, 1549) and an early sonnet-sequence (*L'Olive*, 1549-50), his most significant work was written during his four years in Rome as a member of the household of his cousin, Cardinal du Bellay (1553-7). In *Les Regrets* and *Les Antiquités de Rome*, both published in 1558, we appreciate the resonant expression and, above all, Du Bellay's intimately personal note of disquietude and nostalgia. 'With ingenuousness I write,' he once said, 'of everything that moves me deeply.'

France, mère des arts...

France, mère des arts, des armes et des lois,
Tu m'as nourri longtemps du lait de ta mamelle ;
Ores, comme un agneau qui sa nourrice appelle,
Je remplis de ton nom les antres et les bois.

Si tu m'as pour enfant avoué quelquefois,
Que ne me réponds-tu maintenant, ô cruelle ?
France, France, réponds à ma triste querelle
Mais nul, sinon Écho, ne répond à ma voix.

Entre les loups cruels, j'erre parmi la plaine,
Je sens venir l'hiver, de qui la froide haleine
D'une tremblante horreur fait hérisser ma peau.

Las ! tes autres agneaux n'ont faute de pâture,
Ils ne craignent le loup, le vent ni la froidure :
— Si ne suis-je pourtant le pire du troupeau.

Written during Du Bellay's years in Rome, this sonnet appeared in *Les Regrets*. As often in his work, the starting point is a literary reminiscence: he was without doubt thinking, in the first two lines, of Virgil's famous invocation to Italy in the *Georgics* ('Hail, great mother of fruits, mother of heroes . . .'); and the image of the lamb calling its mother had already been used by Pamphilo Sasso earlier in the sixteenth century. Du Bellay, however, transforms these literary reminiscences: he sings of his love and admiration for his country's glorious achievements, as well as of his utter dependence on it, like a lamb on its mother. The tone is plaintive as he evokes the winter of exile, with wolves on all sides (no doubt the court intriguers of Rome). He is in a desolate plain where no comfort can be found. His sole, almost naïvely pathetic desire is to return to France and to experience again the nourishment that his country alone can give.

l. 3: *ores*, archaic form of *or*, now
l. 14: *si*, and yet, in spite of everything

Déjà la nuit en son parc...

Déjà la nuit en son parc amassait
Un grand troupeau d'étoiles vagabondes,
Et, pour entrer aux cavernes profondes,
Fuyant le jour, ses noirs chevaux chassait ;

Déjà le ciel aux Indes rougissait,
Et l'aube encor, de ses tresses tant blondes
Faisant grêler mille perlettes rondes,
De ses trésors les prés enrichissait,

Quand d'occident, comme une étoile vive,
Je vis sortir dessus ta verte rive,
O fleuve mien, une nymphe en riant.

Alors, voyant cette nouvelle aurore,
Le jour, honteux, d'un double teint colore
Et l'angevin et l'indique orient.

This was published in Du Bellay's first collection of poems, *L'Olive*. It was inspired by a poem of the Italian Antonio Rinieri who developed the theme of *La belle matineuse*, the mistress who is more radiantly beautiful than the sun. Yet despite Du Bellay's indebtedness to Rinieri, his own essential style imposes itself. Night is a shepherd gathering together its flock of stars, pursuing its own black masses that look like horses; a redness is seen in the eastern sky, morning dew is in the fields, the vast movement of time and the intimate aspects of nature are wedded. Against this background a smiling nymph appears on the river bank like a dawn; and daylight, as if jealous, streaks the sky of Anjou and all the east with the colours of the rising sun. The theme is precious but it is interpreted by Du Bellay with rich imaginative power.

l. 14: *indique*, 'Indian' (an adjective formed by Du Bellay)

Marcher d'un grave pas...

Marcher d'un grave pas et d'un grave sourci,
Et d'un grave souris à chacun faire fête,
Balancer tous ses mots, répondre de la tête,
Avec un *Messer non*, ou bien un *Messer si* ;

Entremêler souvent un petit *Et cosi*,
Et d'un *son Servitor'* contrefaire l'honnête
Et, comme si l'on eût sa part en la conquête,
Discourir sur Florence, et sur Naples aussi ;

Seigneuriser chacun d'un baisement de main,
Et, suivant la façon du courtisan romain,
Cacher sa pauvreté d'une brave apparence :

Voilà de cette cour la plus grande vertu
Dont souvent, mal monté, mal sain, et mal vêtu,
Sans barbe et sans argent, on s'en retourne en France.

These lines have a very different tone from most of the other *Regrets*. Du Bellay describes with bitter humour the affectations of the courtiers he observes in Rome. The hypocritical attitudes and conversation, the false subservience, the finery: all this is the disguise that the courtier adopts. But one day he must leave his mummery and return to France; then his horse will often be poor, like his health and his clothes, and his pocket empty.

l. 1: *marcher* . . . , Du Bellay uses nine infinitives one after the other to help create the impression, as one critic has put it, of 'a kind of stylized ballet'.
l. 3: *balancer*, to weigh
l. 4: *messer non, messer si*, no, sir, yes, sir; the very words of the courtiers
l. 5: *Et cosi*, and so
l. 6: *son Servitor'*, your humble servant
l. 7: *la conquête*, the conquest of Italy by the Kings of France
l. 9: *seigneuriser*, to treat everyone as if he were a lord by kissing his hand

Heureux qui, comme Ulysse...

Heureux qui, comme Ulysse, a fait un beau voyage,
Ou comme celui-là qui conquit la toison,
Et puis est retourné, plein d'usage et raison,
Vivre entre ses parents le reste de son âge !

Quand reverrai-je, hélas ! de mon petit village
Fumer la cheminée, et en quelle saison
Reverrai-je le clos de ma pauvre maison,
Qui m'est une province, et beaucoup davantage ?

Plus me plaît le séjour qu'ont bâti mes aïeux,
Que des palais romains le front audacieux,
Plus que le marbre dur me plaît l'ardoise fine,

Plus mon Loire gaulois que le Tibre latin,
Plus mon petit Liré que le mont Palatin,
Et plus que l'air marin la douceur angevine.

This, the most famous of Du Bellay's sonnets, is taken from *Les Regrets*. It is an adaptation of an elegy originally written by him in Latin ('Felix, qui mores multorum vidit, et urbes...'). The opening has admirable breadth with its allusions to Ulysses's travels and to Jason's search for the Golden Fleece. In the second quatrain the tone, both personal and direct, evokes the poet's nostalgic desire to see once more the chimney and the garden he knows so well. The rhythm is faster in the tercets as the poet contrasts the aspects of Rome that surround him with the charming details he loves to recall: the family chateau, the fine slate of Anjou, the Loire, the village of Liré, the sweetness of his native atmosphere.

l. 3: *usage*, experience
l. 4: *âge*, life
l. 7: *le clos*, walled garden
l. 11: *l'ardoise fine*, the finest slate is found in Anjou
l. 12: *mon Loire*, the Loire river (feminine in modern French)
l. 13: *le Liré*, a village near the château where Du Bellay was born

Pierre de Ronsard

1524-85

Born in Vendôme of a minor noble family, Ronsard went to
Paris where he studied at the Collège de Coqueret and joined
the brilliant group of young writers who were later to be known
as the *Pléiade*. He wrote a great amount of poetry, much of it
official hymns and *discours* which were required of him as the
favourite court-poet; but he is remembered above all for his
charming odes inspired by those of Horace and Pindar, and for
three sonnet-sequences (*Les Amours de Cassandre*, 1552-3; *Les
Amours de Marie*, 1555-6; and the *Sonnets pour Hélène*, 1578)
remarkable for their control of sound, their discreet sensuousness,
as well as their haunting sense of life's frailness—'toujours la douleur voisine le plaisir', he once wrote. For his contemporaries he
was unquestionably the leading poet of his age and had immense
influence in France and abroad (in England, for instance, where
he was carefully read and often imitated by Sidney, Drayton and
Spenser).

Ode à Cassandre

Mignonne, allons voir si la rose
Qui ce matin avait déclose
Sa robe de pourpre au soleil,
A point perdu cette vêprée,
Les plis de sa robe pourprée,
Et son teint au vôtre pareil.

Las ! voyez comme en peu d'espace,
Mignonne, elle a dessus la place
Las ! Las ! ses beautés laissé choir !
O vraiment marâtre Nature !
Puisqu'une telle fleur ne dure
Que du matin jusques au soir !

Donc, si vous me croyez, mignonne,
Tandis que votre âge fleuronne
En sa plus verte nouveauté,
Cueillez, cueillez votre jeunesse :
Comme à cette fleur, la vieillesse
Fera ternir votre beauté.

One of Ronsard's finest poems, this ode was published in the second edition of the *Amours de Cassandre* (1553). The poet was no doubt inspired by the fourth-century Latin poet Ausonius who, speaking of girls who die young, had written: 'quam longa una dies, aetas tam longa rosarum'. However, to this theme, Ronsard brought a personal accent—his own delicacy of expression and formal grace. The eighteen octosyllables develop the comparison of the rose and the maid in three equal sections: ll. 1-6, the invitation to see the rose that resembles his beloved; ll. 7-12, a lament for the dead rose; and ll. 13-18, an urgent prayer to enjoy life and beauty while they last.

l. 2: *déclose*, in contrast to modern practice, the past participle agrees here with the *following* direct object.

Comme on voit sur la branche...

Comme on voit sur la branche au mois de mai la rose,
En sa belle jeunesse, en sa première fleur,
Rendre le ciel jaloux de sa vive couleur
Quand l'Aube de ses pleurs au point du jour l'arrose :
La grâce dans sa feuille et l'amour se repose,
Embaumant les jardins et les arbres d'odeur ;
Mais, battue ou de pluie ou d'excessive ardeur,
Languissante elle meurt, feuille à feuille déclose.

Ainsi en ta première et jeune nouveauté,
Quand la terre et le ciel honoraient ta beauté,
La Parque t'a tuée, et cendre tu reposes.

Pour obsèques reçois mes larmes et mes pleurs,
Ce vase plein de lait, ce panier plein de fleurs,
Afin que vif et mort ton corps ne soit que roses.

This regular sonnet published in 1578 was probably written to commemorate the death of Marie Dupin, the 'fleur angevine de quinze ans', 'non de riches parents ni d'honneur ni de grade' for whom he composed the *Amours* of 1555. The similarity of metaphor to that of the *Ode à Cassandre* is evident; yet instead of an eager rapid movement, the poem possesses a calm amplitude, the sure knowledge that the destinies of the rose and the woman are symmetrical. The poet has not the consoling thought that the woman has entered on a new life, but her tomb is rendered beautiful with a simple and tender offering of milk and flowers, natural objects by means of which Marie seems to survive.

Quand vous serez bien vieille...

Quand vous serez bien vieille, au soir, à la chandelle,
Assise auprès du feu, dévidant et filant,
Direz, chantant mes vers, en vous émerveillant :
' Ronsard me célébrait du temps que j'étais belle.'

Lors vous n'aurez servante oyant telle nouvelle,
Déjà sous le labeur à demi sommeillant,
Qui au bruit de mon nom ne s'aille réveillant,
Bénissant votre nom de louange immortelle.

Je serai sous la terre, et fantôme sans os
Par les ombres myrteux je prendrai mon repos ;
Vous serez au foyer une vieille accroupie,

Regrettant mon amour et votre fier dédain.
Vivez, si m'en croyez, n'attendez à demain :
Cueillez dès aujourd'hui les roses de la vie !

This was one of the sonnets composed for Hélène de Surgères, a lady-in-waiting at the court, and was published in 1578. It is justly famous for the beauty of its movement and its expression which, after twelve lines evoking a future filled with regret and loneliness, suddenly gives an urgent moral for the present. The opening is particularly fine with its sure description of a fireside, candlelight, and an old woman winding and spinning her yarn, and thinking of the past.

l. 3: *direz*, modern French, *vous direz*
l. 5: *lors*, modern French, *alors*
ll. 5-7: 'Then there will be no servant-girl of yours, already drowsing because of her toil, who, when she hears this, will not waken at the sound of my name.'
l. 10: *les ombres myrteux*, the forest of myrtles in the Elysian fields which was supposed to be the domain of famous lovers. *Ombre* was frequently treated as masculine in the sixteenth century.

Il faut laisser maisons...

Il faut laisser maisons et vergers et jardins,
Vaisselles et vaisseaux que l'artisan burine,
Et chanter son obsèque en la façon du Cygne,
Qui chante son trépas sur les bords méandrins.

C'est fait, j'ai dévidé le cours de mes destins,
J'ai vécu, j'ai rendu mon nom assez insigne,
Ma plume vole au Ciel pour être quelque signe,
Loin des appas mondains qui trompent les plus fins.

Heureux qui ne fut onc, plus heureux qui retourne
En rien comme il était, plus heureux qui séjourne,
D'homme fait nouvel ange, auprès de Jésus-Christ,

Laissant pourrir çà-bas sa dépouille de boue,
Dont le Sort, la Fortune, et le Destin se joue,
Franc des liens du corps pour n'être qu'un esprit.

In 1586, on the day of Ronsard's burial, this sonnet, together
with seven other short poems, was published in Paris under the
title *Les derniers vers*. It has a very different tone from the preceding work. Here Ronsard's voice is charged with austerity,
solemn abnegation of the world, and a reconciled acceptance of
death. In his words both pagan and Christian references are
introduced, but are welded together into a coherent and forceful
whole.

l. 4: *les bords méandrins*, the banks of the Meander, the sinuous river of
Asia Minor, where the swan was reputed to sing a song as it died
l. 9: *onc*, modern French, *jamais*
l. 12: *çà-bas*, modern French, *ici-bas*, here on earth

François de Malherbe

1555-1628

Malherbe did not attain the height of his fame and influence until the age of fifty, when he was summoned to Paris to become the official poet of the court of Henri IV and, later, of Louis XIII. His early work bears the mark of an ornate Italianism of style, which recent critics have described as 'baroque'; but during his time at the court he laboured to purify his own language and that of his contemporaries. Grammar, syntax, vocabulary, versification, were all studied and corrected with a view to greater precision and elegance. The whole of his poetic production is small (120 poems), despite the long years he devoted to it. At its best, however, it has an economy of words, a formal perfection, and a measured harmony that has rarely been surpassed.

Dessein de quitter une dame — Stances

Beauté, mon beau souci, de qui l'âme incertaine
A, comme l'Océan, son flux et son reflux,
Pensez de vous résoudre à soulager ma peine,
Ou je me vais résoudre à ne la souffrir plus.

Vos yeux ont des appas que j'aime et que je prise,
Et qui peuvent beaucoup dessus ma liberté :
Mais pour me retenir, s'ils font cas de ma prise
Il leur faut de l'amour autant que de beauté.

Quand je pense être au point que cela s'accomplisse,
Quelque excuse toujours en empêche l'effet ;
C'est la toile sans fin de la femme d'Ulysse,
Dont l'ouvrage du soir au matin se défait.

Madame, avisez-y, vous perdez votre gloire
De me l'avoir promis et de vous rire de moi ;
S'il ne vous en souvient, vous manquez de mémoire,
Et s'il vous en souvient, vous n'avez point de foi.

J'avais toujours fait compte, aimant chose si haute,
De ne m'en séparer qu'avecque le trépas ;
S'il arrive autrement, ce sera votre faute,
De faire des serments et ne les tenir pas.

This poem was written before 1600, that is to say, when Malherbe had not yet gone to the court of Henri IV. The poet addresses his mistress but his tone, instead of being passionate, is humorous and detached. He can, he says, take or leave her love; all that he asks is for her to make up her mind whether she will accord him her favours. We are amused by the unexpected turns of expression, and the surprising mixture of adoration and unconcern. Malherbe's style here is perfectly assured, sophisticated in language and form.

Chanson

Sus, debout, la merveille des belles,
Allons voir sur les herbes nouvelles
Luire un émail, dont la vive peinture
Défend à l'art d'imiter la nature.

L'air est plein d'une haleine de roses,
Tous les vents tiennent leurs bouches closes,
Et le soleil semble sortir de l'onde
Pour quelque amour plus que pour luire au monde.

On dirait, à lui voir sur la tête
Ses rayons comme un chapeau de fête,
Qu'il s'en va suivre en si belle journée
Encore un coup la fille de Pénée.

Toute chose aux délices conspire,
Mettez-vous en votre humeur de rire ;
Les soins profonds d'où les rides nous viennent
A d'autres ans qu'aux vôtres appartiennent.

Il fait chaud ; mais un feuillage sombre
Loin du bruit nous fournira quelque ombre,
Où nous ferons parmi les violettes,
Mépris de l'ambre et de ses cassolettes.

Près de nous, sur les branches voisines
Des genêts, des houx, et des épines,
Le rossignol, déployant ses merveilles,
Jusqu'aux rochers donnera des oreilles.

Et peut-être à travers des fougères
Verrons-nous de bergers à bergères
Sein contre sein, et bouche contre bouche,
Naître et finir quelque douce escarmouche.

C'est chez eux qu'Amour est à son aise :
Il y saute, il y danse, il y baise,
Et foule aux pieds les contraintes serviles
De tant de lois qui le gênent aux villes.

O qu'un jour mon âme aurait de gloire
D'obtenir cette heureuse victoire,
Si la pitié de mes peines passées
Vous disposait à semblables pensées !

Votre honneur, le plus vain des idoles,
Vous remplit de mensonges frivoles :
Mais quel esprit que la raison conseille,
S'il est aimé, ne rend point la pareille ?

This poem first appeared in the *Recueil des plus beaux vers français* (1627). Malherbe chose an original form, combining lines of nine syllables (with a fixed caesura after the third syllable) and decasyllables (with a fixed caesura after the fourth syllable). The varied metre gives the *aubade*, or morning song, a suppleness, a pleasing movement that well suits the invitation to the beloved to come and admire nature's beauties. It is obvious that Malherbe does not possess Ronsard's spontaneous feeling for nature nor his simple tones: his atmosphere, stylized and artificial, has premeditated grace, dignity and a kind of transparent sensuousness.

l. 12: *la fille de Pénée*, Daphne, mistress of Apollo

Imitation du psaume Lauda anima mea Dominum

('Praise the Lord, O my soul': Psalm CXLV,
or CXLVI of the King James version)

N'espérons plus, mon âme, aux promesses du monde ;
Sa lumière est un verre, et sa faveur une onde
Que toujours quelque vent empêche de calmer.
Quittons ces vanités, lassons-nous de les suivre :
C'est Dieu qui nous fait vivre,
C'est Dieu qu'il faut aimer.

En vain, pour satisfaire à nos lâches envies,
Nous passons près des rois tout le temps de nos vies
A souffrir des mépris et ployer les genoux.
Ce qu'ils peuvent n'est rien : ils sont comme nous
    sommes,
        Véritablement hommes,
        Et meurent comme nous.

Ont-ils rendu l'esprit, ce n'est plus que poussière
Que cette majesté si pompeuse et si fière
Dont l'éclat orgueilleux étonnait l'univers ;
Et dans ces grands tombeaux, où leurs âmes hautaines
        Font encore les vaines,
        Ils sont mangés des vers.

Là se perdent ces noms de maîtres de la terre,
D'arbitres de la paix, de foudres de la guerre.
Comme ils n'ont plus de sceptre, ils n'ont plus de flat-
    teurs ;
Et tombent avec eux d'une chute commune
        Tous ceux que leur fortune
        Faisait leurs serviteurs.

In this poem, published in 1627, Malherbe's aim is to provide
a 'paraphrase' of the first three verses of the Latin text with its
theme of the vanity of mundane things. In a sense, then, it is for
him simply a rhetorical exercise. But nowhere do we find a finer
example of his magnificent rhythms; the noble and austere movement and language is worthy of its original. With his sure ear
Malherbe has found a stanzaic form (12,12,12,12,6,6) brilliantly
successful in conveying first of all breadth and richness, then a
sudden incisive brevity.

l. 3: *calmer, se calmer* in modern French
l. 22: *tombent,* the subject 'tous ceux...' is inverted

Jean de la Fontaine
1621-95

La Fontaine was born at Château-Thierry on the river Marne and almost became a forestry official in Champagne like his father. But the desire to write, and the dislike of regular routine work, were too strong, and he spent most of his life in Paris as a man of letters whose charming talent found patrons among the aristocratic and wealthy members of society. His masterpiece, which raises him to the forefront of French writers and makes him the most familiar of all, is the *Fables*, published in twelve books between 1668 and 1694. Taking his themes from Æsop, Phædrus and other ancient fabulists, he creates them anew in a sure and varied language and verse-forms that are free but not loose, light, harmonious, and with effects perfectly timed. 'Il cause et il chante,' said Valéry: while some poets speak and others declaim, La Fontaine chats—and yet this is chatting raised unmistakably to the point of song. Each fable consists of a little play (the 'corps' as he called it) to which a brief maxim or teaching (the 'âme') is often attached.

La cigale et la fourmi

La cigale ayant chanté
    Tout l'été,
Se trouva fort dépourvue
Quand la bise fut venue.
Pas un seul petit morceau
De mouche ou de vermisseau.
Elle alla crier famine
Chez la fourmi sa voisine,
La priant de lui prêter
Quelque grain pour subsister
Jusqu'à la saison nouvelle.
' Je vous paierai, lui dit-elle,
Avant l'août, foi d'animal,
Intérêt et principal.'
La fourmi n'est pas prêteuse :
C'est là son moindre défaut.
' Que faisiez-vous au temps chaud ?
Dit-elle à cette emprunteuse.

— Nuit et jour, à tout venant
Je chantais, ne vous déplaise.
— Vous chantiez ? j'en suis fort aise.
Et bien, dansez maintenant.'

Published in 1668, this poem is based on Fable No. 134 of Æsop which bears the same title. The verse, heptasyllabic apart from the trisyllable of line 2, has an alert and sprightly movement that commands our attention. La Fontaine does not have to make explicit his lesson concerning the need for foresight; neither does he worry that the cicada does not eat flies or worms, that it does not sing, and that it dies before winter: the fictional illusion is established and we accept and interpret spontaneously the situation and dialogue. The scene is set, the actors are two neighbours of vastly different character, and the poet with his amused tone and varied rhythms presents his little moral comedy.

l. 2: *dépourvue*, needy, indigent
l. 13: *foi d'animal*, word of an animal, a parody of the expression *foi de gentilhomme*
l. 16: *c'est là son moindre défaut*, that is the least of her vices
l. 20: *ne vous déplaise*, don't be displeased

Le corbeau et le renard

Maître corbeau, sur un arbre perché,
    Tenait en son bec un fromage ;
Maître renard par l'odeur alléché,
    Lui tint à peu près ce langage :
' Hé ! bonjour, Monsieur du Corbeau.
Que vous êtes joli ! que vous me semblez beau !
    Sans mentir, si votre ramage
    Se rapporte à votre plumage,
Vous êtes le phénix des hôtes de ces bois.
À ces mots, le corbeau ne se sent pas de joie ;
    Et, pour montrer sa belle voix,
Il ouvre un large bec, laisse tomber sa proie.
Le renard s'en saisit, et dit : ' Mon bon monsieur,
    Apprenez que tout flatteur
    Vit aux dépens de celui qui l'écoute.
Cette leçon vaut bien un fromage sans doute.'
    Le corbeau, honteux et confus,
Jura, mais un peu tard, qu'on ne l'y prendrait plus.

This tale has a number of classical antecedents in Æsop, Phædrus and other writers. What better than this fable could illustrate the silliness of vanity, especially the vanity that is founded
on our neighbour's flattery. The humour is even more marked
than in the previous poem, and dialogue and description are
wonderfully fused. It will be noted that in the eighteen lines of
the poem no less than four different metres are used (one heptasyllable, seven octosyllables, three decasyllables, seven alexandrines) as the supple rhythm follows each change of tone, each
development of the action.

l. 1: *Maître*, title of honour given in the seventeenth century to eminent
bourgeois
l. 4: *lui tint à peu près ce langage*, spoke to him more or less in these terms
l. 9: *le phénix*: 'the Phoenix', that is to say, paragon. The phoenix was supposed to burn itself on a pyre and rise renewed from its ashes
l. 10: *ne se sent pas de joie*: is beside himself with joy

La grenouille qui se veut faire aussi grosse que le bœuf

Une grenouille vit un bœuf
Qui lui sembla de belle taille.
Elle, qui n'était pas grosse en tout comme un œuf,
Envieuse s'étend, et s'enfle, et se travaille
Pour égaler l'animal en grosseur,
Disant : ' Regardez bien, ma sœur,
Est-ce assez ? Dites-moi. N'y suis-je point encore ?
— Nenni. — M'y voici donc ? — Point du tout. — M'y
voilà ?
— Vous n'en approchez point.' La chétive pécore
S'enfla si bien qu'elle creva.
Le monde est plein de gens qui ne sont pas plus sages :
Tout bourgeois veut bâtir comme les grands seigneurs ;
Tout petit prince a des ambassadeurs ;
Tout marquis veut avoir des pages.

Inspired by Æsop's *The Ox and the Toad* and by Phædrus, this
fable illustrates the folly of unjustified high notions. In the first
section the short emphatic rhythms convey the frantic efforts of
the frog to swell to the size of an ox. The second section draws
the moral, beginning on two ample alexandrines, and then, with

a final decasyllable and octosyllable, changing and lightening both rhythm and tone.

l. 4: *se travaille*, struggles
l. 7: *nenni*, no, a form frequently used in the sixteenth century, but rare in literature in La Fontaine's time
l. 9: *pécore*, beast

Le loup et l'agneau

La raison du plus fort est toujours la meilleure,
    Nous l'allons montrer tout à l'heure.

        Un agneau se désaltérait
        Dans le courant d'une onde pure.
Un loup survient à jeun, qui cherchait aventure,
    Et que la faim en ces lieux attirait.
' Qui te rend si hardi de troubler mon breuvage ?
        Dit cet animal plein de rage.
Tu seras châtié de ta témérité.
—Sire, répond l'agneau, que Votre Majesté
        Ne se mette pas en colère ;
        Mais plutôt qu'elle considère
        Que je me vas désaltérant
            Dans le courant
        Plus de vingt pas au-dessous d'elle,
Et que, par conséquent, en aucune façon
        Je ne puis troubler sa boisson.
— Tu la troubles, reprit cette bête cruelle,
Et je sais que de moi tu médis l'an passé.
— Comment l'aurais-je fait, si je n'étais pas né ?
        Reprit l'agneau, je tette encor ma mère.
            — Si ce n'est toi, c'est donc ton frère.
— Je n'en ai point. — C'est donc quelqu'un des tiens :
        Car vous ne m'épargnez guère,
        Vous, vos bergers, et vos chiens.
On me l'a dit : il faut que je me venge.
        Là-dessus, au fond des forêts
        Le loup l'emporte, et puis le mange
        Sans autre forme de procès.

This poem has its origin in fables of Æsop and Phædrus. La Fontaine has varied his presentation, introducing his poem by the 'âme' before proceeding to the 'corps'. Might is right, says the poet, and the lamb, although it is innocent, can never prevail against the wolf. La Fontaine renders in the rapid dialogue the naïveté of the one, the speciousness of the other; and the drama is conducted with an absolute rigour and precision.

l. 2: *tout à l'heure,* (here) straight away

l. 13: *je me vas désaltérant* (in modern French, *je vais me désaltérant*), I am quenching my thirst

l. 20: *si,* since

La mort et le bûcheron

Un pauvre Bûcheron, tout couvert de ramée,
Sous le faix du fagot, aussi bien que des ans,
Gémissant et courbé, marchait à pas pesants,
Et tâchait de gagner sa chaumine enfumée.
Enfin, n'en pouvant plus d'effort et de douleur,
Il met bas son fagot, il songe à son malheur.
Quel plaisir a-t-il eu depuis qu'il est au monde ?
En est-il un plus pauvre en la machine ronde ?
Point de pain quelquefois, et jamais de repos :
Sa femme, ses enfants, les soldats, les impôts,
•Le créancier et la corvée
Lui font d'un malheureux la peinture achevée.
Il appelle la Mort. Elle vient sans tarder,
    Lui demande ce qu'il faut faire.
    'C'est, dit-il, afin de m'aider
À recharger ce bois ; tu ne tarderas guère.'
    Le trépas vient tout guérir ;
    Mais ne bougeons d'où nous sommes.
    Plutôt souffrir que mourir,
    C'est la devise des hommes.

Included like the four previous poems in the first book of *Fables, La mort et le bûcheron* provides us with an admirable example of La Fontaine's transformation of his borrowings. Here is Æsop's version: 'One day an old man had cut some wood and was carrying it on his back; the way was long and, being tired by his walk, he put down his burden and called on death. Death appeared and asked him why he was calling it. The old man replied: "So that you will lift my burden for me." This fable shows that every man is attached to life, even if he is unhappy.' La Fontaine retells the fable, and it becomes a moving and realistic evocation of the poor peasant, bent with age and groaning under his load. The description of the woodcutter is vivid, introducing his thoughts about his wretched life, and then his sudden change of heart when Death answers his call so promptly. Finally four heptasyllables express in succinct terms the moral observation that the vignette has illustrated.

l. 1: *ramée*, green twigs and branches
l. 4: *chaumine*, thatched hut
l. 16: *tu ne tarderas guère*, you won't be long coming

Le berger et la mer

Du rapport d'un troupeau, dont il vivait sans soins,
Se contenta longtemps un voisin d'Amphitrite.
    Si sa fortune était petite,
    Elle était sûre tout au moins.
À la fin, les trésors déchargés sur la plage
Le tentèrent si bien qu'il vendit son troupeau,
Trafiqua de l'argent, le mit entier sur l'eau :
    Cet argent périt par naufrage.
Son maître fut réduit à garder les brebis :
Non plus berger en chef comme il était jadis,
Quand ses propres moutons paissaient sur le rivage ;
Celui qui s'était vu Corydon ou Tircis
    Fut Pierrot, et rien davantage.
Au bout de quelque temps il fit quelques profits,
    Racheta des bêtes à laine ;
Et, comme un jour les vents, retenant leur haleine,
Laissaient paisiblement aborder les vaisseaux :
' Vous voulez de l'argent, ô mesdames les Eaux,
Dit-il, adressez-vous, je vous prie, à quelqu'autre :
    Ma foi, vous n'aurez pas le nôtre.'

Ceci n'est pas un conte à plaisir inventé.
    Je me sers de la vérité
    Pour montrer par expérience
    Qu'un sou, quand il est assuré
    Vaut mieux que cinq en espérance ;

Qu'il se faut contenter de sa condition ;
Qu'aux conseils de la mer et de l'ambition
          Nous devons fermer les oreilles.
Pour un qui s'en louera, dix mille s'en plaindront.
          La mer promet monts et merveilles ;
Fiez-vous-y : les vents et les voleurs viendront.

This fable takes as its theme 'a bird in the hand is worth two in the bush'. La Fontaine, following Æsop once again, describes a shepherd who sought to become rich quickly and lost everything in a shipwreck. The temptation comes again to gamble on a business venture (note the lyrical beauty of the description of the sea in ll. 16 and 17) but he has learnt wisdom. And that, suggests the poet, is what we too must learn.

l. 2: *Amphitrite*, goddess of the ocean
l. 12: *Corydon, Tircis*, noble shepherds, their Greek names being opposed to the familiar peasant ring of *Pierrot* (l. 13)
l. 31: *voleurs*, pirates

La jeune veuve

La perte d'un époux ne va point sans soupirs :
On fait beaucoup de bruit, et puis on se console.
Sur les ailes du Temps la tristesse s'envole ;
          Le Temps ramène les plaisirs.
          Entre la veuve d'une année
          Et la veuve d'une journée
La différence est grande ; on ne croirait jamais
          Que ce fût la même personne.
L'une fait fuir les gens, et l'autre a mille attraits.
Aux soupirs vrais ou faux celle-là s'abandonne ;
C'est toujours même note et pareil entretien.
          On dit qu'on est inconsolable ;
          On le dit, mais il n'en est rien,
          Comme on verra par cette fable,
          Ou plutôt par la vérité.

          L'époux d'une jeune beauté
Partait pour l'autre monde. A ses côtés sa femme
Lui criait : 'Attends-moi, je te suis ; et mon âme,
Aussi bien que la tienne, est prête à s'envoler.'
          Le mari fait seul le voyage.

La belle avait un père, homme prudent et sage ;
    Il laissa le torrent couler.
      À la fin, pour la consoler :
'Ma fille, lui dit-il, c'est trop verser de larmes :
Qu'a besoin le défunt que vous noyiez vos charmes ?
Puisqu'il est des vivants, ne songez plus aux morts.
      Je ne dis pas que tout à l'heure
      Une condition meilleure
      Change en des noces ces transports ;
Mais après certain temps souffrez qu'on vous propose
Un époux beau, bien fait, jeune, et tout autre chose
      Que le défunt. — Ah ! dit-elle aussitôt,
      Un cloître est l'époux qu'il me faut.'
Le père lui laissa digérer sa disgrâce.
      Un mois de la sorte se passe ;
L'autre mois, on l'emploie à changer tous les jours
Quelque chose à l'habit, au linge, à la coiffure :
      Le deuil enfin sert de parure,
      En attendant d'autres atours.
      Toute la bande des Amours
Revient au colombier : les jeux, les ris, la danse
      Ont aussi leur tour à la fin ;
      On se plonge soir et matin
      Dans la fontaine de Jouvence.
Le père ne craint plus ce défunt tant chéri ;
Mais comme il ne parlait de rien à notre belle :
      'Où donc est le jeune mari
      Que vous m'avez promis ? ' dit-elle.

Taken from Book VI of *Fables*, *La jeune veuve* is one of La Fontaine's most sparkling compositions. The psychological analysis is shrewd, the movement alert and graceful, the tone smiling. No doubt one can as usual find models that the poet has probably read; yet his new work is a masterly creation which concentrates all his marvellous wit. The introduction provides the lesson in general terms but, right from the first lines, humour takes over: thus the metaphor in l. 3 is not empty ornament but part of the playful comedy. The second section begins on a series of short phrases that culminate in the octosyllable of l. 20, which tells all—'Le mari fait seul le voyage.' The voice of the father is knowing but he is interrupted by the daughter's melodramatic declaration (l. 33). Finally time makes her forget, and the poem ends with laughter as we hear the young widow's impatient request for a new husband.

Le coche et la mouche

Dans un chemin montant, sablonneux, malaisé,
Et de tous les côtés au soleil exposé,
　　　Six forts chevaux tiraient un Coche.
Femmes, moine, vieillards, tout était descendu.
L'attelage suait, soufflait, était rendu.
Une Mouche survient, et des chevaux s'approche,
Prétend les animer par son bourdonnement,
Pique l'un, pique l'autre, et pense à tout moment
　　　Qu'elle fait aller la machine,
S'assied sur le timon, sur le nez du cocher.
　　　Aussitôt que le char chemine,
　　　Et qu'elle voit les gens marcher,
Elle s'en attribue uniquement la gloire,
Va, vient, fait l'empressée ; il semble que ce soit
Un sergent de bataille allant en chaque endroit
Faire avancer ses gens et hâter la victoire.
　　　La Mouche, en ce commun besoin,
Se plaint qu'elle agit seule et qu'elle a tout le soin ;
Qu'aucun n'aide aux chevaux à se tirer d'affaire.
　　　Le moine disait son bréviaire :
Il prenait bien son temps ! Une femme chantait :
C'était bien de chansons qu'alors il s'agissait !
Dame Mouche s'en va chanter à leurs oreilles,
　　　Et fait cent sottises pareilles.
Après bien du travail, le Coche arrive au haut :
' Respirons maintenant ! dit la Mouche aussitôt :
J'ai tant fait que nos gens sont enfin dans la plaine.
Çà, Messieurs les Chevaux, payez-moi de ma peine.'

Ainsi certaines gens, faisant les empressés,
　　　S'introduisent dans les affaires.
　　　Ils font partout les nécessaires,
Et, partout importuns, devraient être chassés.

This poem appeared in 1671 among the *Fables nouvelles et autres poésies*. More than ever, La Fontaine has modified previous versions and given them a new vitality. Æsop described an ox and a fly; in the French poem we watch a seventeenth-century coach drawn by six sturdy horses carrying a load of real-life people. We observe that, unlike the first fables of La Fontaine, *Le coche et la mouche* contains a good deal of description: the poet allows himself the time to evoke with consummate art the steep dusty road that is being climbed, and the fly's agitation. Although there is no dialogue, La Fontaine makes use of direct speech to convey the self-important exclamations of Dame Mouche. The moral is drawn briefly and incisively.

l. 5: *rendu*, exhausted

La laitière et le pot au lait

Perrette, sur sa tête ayant un pot au lait
    Bien posé sur un coussinet,
Prétendait arriver sans encombre à la ville.
Légère et court vêtue, elle allait à grands pas,
Ayant mis ce jour-là, pour être plus agile,
    Cotillon simple et souliers plats.
    Notre laitière ainsi troussée
    Comptait déjà dans sa pensée
Tout le prix de son lait, en employait l'argent,
Achetait un cent d'œufs, faisait triple couvée ;
La chose allait à bien par son soin diligent.
    ' Il m'est, disait-elle, facile
D'élever des poulets autour de ma maison :
    Le renard sera bien habile
S'il ne m'en laisse assez pour avoir un cochon.
Le porc à s'engraisser coûtera peu de son ;
Il était, quand je l'eus, de grosseur raisonnable ;
J'aurai, le revendant, de l'argent bel et bon.
Et qui m'empêchera de mettre en notre étable,
Vu le prix dont il est, une vache et son veau,
Que je verrai sauter au milieu du troupeau ? '
Perrette, là-dessus, saute aussi, transportée.
Le lait tombe : adieu veau, vache, cochon, couvée.

La dame de ces biens, quittant d'un œil marri
    Sa fortune ainsi répandue,
    Va s'excuser à son mari,
    En grand danger d'être battue.
    Le récit en farce en fut fait :
    On l'appela *le Pot au lait*.

    Quel esprit ne bat la campagne ?
    Qui ne fait châteaux en Espagne ?
Picrochole, Pyrrhus, la laitière, enfin tous,
    Autant les sages que les fous ?
Chacun songe en veillant, il n'est rien de plus doux ;
Une flatteuse erreur emporte alors nos âmes ;
    Tout le bien du monde est à nous,
    Tous les honneurs, toutes les femmes.
Quand je suis seul, je fais au plus brave un défi ;
Je m'écarte, je vais détrôner le sophi ;
    On m'élit roi, mon peuple m'aime,
Les diadèmes vont sur ma tête pleuvant.
Quelque accident fait-il que je rentre en moi-même :
    Je suis Gros-Jean comme devant.

This fable shows the firmness with which La Fontaine can describe a country scene of a peasant girl carrying her milk to market. The light step, the attitude, the dress are all detailed, then her ambitious daydreams as she thinks of the money she can earn, and finally her rude awakening. The remarks in the fourteen lines of the conclusion show the general truth that can be drawn from the story of Perrette (ll. 30-37). They end in an original way, as La Fontaine confides to us with ironic humour his personal experience: he too dreams—he challenges all men, he is the Shah, a king beloved of his people, owner of showers of diadems. But when he wakes he is as before *gros Jean*, that is to say, a blockhead (but the expression is all the more amusing here since the poet's name is Jean).

l. 32: *Picrochole*, a comic king invented by the famous sixteenth-century writer Rabelais

L'huître et les plaideurs

Un jour deux pèlerins sur le sable rencontrent
Une huître, que le flot y venait d'apporter :
Ils l'avalent des yeux, du doigt ils se la montrent ;
A l'égard de la dent, il fallut contester.
L'un se baissait déjà pour amasser la proie ;
L'autre le pousse, et dit : 'Il est bon de savoir
      Qui de nous en aura la joie.
Celui qui le premier a pu l'apercevoir
En sera le gobeur ; l'autre le verra faire.
      — Si par là l'on juge l'affaire,
Reprit son compagnon, j'ai l'œil bon, Dieu merci.
      — Je ne l'ai pas mauvais aussi,
Dit l'autre, et je l'ai vue avant vous, sur ma vie.
— Eh bien, vous l'avez vue, et moi, je l'ai sentie.'
      Pendant tout ce bel incident,
Perrin Dandin arrive : ils le prennent pour juge.
Perrin fort gravement ouvre l'huître et la gruge,
      Nos deux messieurs le regardant.
Ce repas fait, il dit d'un ton de président :
'Tenez, la Cour vous donne à chacun une écaille,
Sans dépens, et qu'en paix chacun chez soi s'en aille.'

Mettez ce qu'il en coûte à plaider aujourd'hui.
Comptez ce qu'il en reste à beaucoup de familles :
Vous verrez que Perrin tire l'argent à lui,
Et ne laisse aux plaideurs que le sac et les quilles.

Published in 1671, this fable is a satire on lawyers who take all
and leave their clients, as it were, only the shell without the
oyster. The theme is a popular one and La Fontaine possibly
found it in an old Italian comedy. His poem opens on a series
of lively details which establish the note of false gravity ('Ils
l'avalent des yeux...'); then octosyllables lighten the dialogue and
contain the rapid interchange of arguments. The judge's sobriety
is expressed in a further series of alexandrines interspersed by an
octosyllable describing the open-mouthed attitude of the litigants
as they watch Dandin eat their oyster. The final four alexandrines, all ending on the same rhyme-vowel, underline the sure
truth of the fable.

l. 1: *pèlerins*, travellers
l. 4: *à l'égard de la dent*, that is, to know who would have the right to eat the oyster
l. 15: *incident*, legal dispute
l. 16: *Perrin Dandin*, Judge Dandin
l. 25: *ne laisse aux plaideurs que le sac et les quilles*, 'to take all the profits'; a proverbial expression meaning literally to run off with the stakes and leave behind the skittles and the bag in which they are kept

Le vieillard et les trois jeunes hommes

Un Octogénaire plantait.
' Passe encor de bâtir ; mais planter à cet âge ! '
Disaient trois Jouvenceaux, enfants du voisinage ;
Assurément il radotait.
' Car, au nom des Dieux, je vous prie,
Quel fruit de ce labeur pouvez-vous recueillir ?
Autant qu'un patriarche il vous faudrait vieillir.
À quoi bon charger votre vie
Des soins d'un avenir qui n'est pas fait pour vous ?
Ne songez désormais qu'à vos erreurs passées ;
Quittez le long espoir et les vastes pensées ;
Tout cela ne convient qu'à nous.
— Il ne convient pas à vous-mêmes,
Repartit le Vieillard. Tout établissement
Vient tard et dure peu. La main des Parques blêmes
De vos jours et des miens se joue également.
Nos termes sont pareils par leur courte durée.
Qui de nous des clartés de la voûte azurée
Doit jouir le dernier ? Est-il aucun moment
Qui vous puisse assurer d'un second seulement ?
Mes arrière-neveux me devront cet ombrage :
Hé bien ! défendez-vous au sage
De se donner des soins pour le plaisir d'autrui ?
Cela même est un fruit que je goûte aujourd'hui :
J'en puis jouir demain, et quelques jours encore ;
Je puis enfin compter l'aurore
Plus d'une fois sur vos tombeaux.'
Le Vieillard eut raison : l'un des trois Jouvenceaux
Se noya dès le port, allant à l'Amérique ;
L'autre, afin de monter aux grandes dignités,
Dans les emplois de Mars servant la République,
Par un coup imprévu vit ses jours emportés ;

Le troisième tomba d'un arbre
Que lui-même il voulut enter ;
Et pleurés du Vieillard, il grava sur leur marbre
Ce que je viens de raconter.

Inspired by Abstemius's *Du vieillard décrépit qui greffait des arbres*, this poem is taken from Book XI of *Fables* (1678). Here is the original version, which La Fontaine has considerably enriched: 'A youth was laughing at a decrepit old man: he was mad to plant trees whose fruits he would never see! The old man retorted: "Perhaps you yourself will not gather the fruit of the trees you are pruning!" And so it happened: falling from a tree which he had climbed so as to get some cuttings, the youth broke his neck.' La Fontaine was now at the height of his powers, writing in a style that shows him to be complete master of lightness and gravity alike. His thought is mature and the fable invites us to beware of the ironies of fate, to conquer time and find contentment in present and positive action. The tree the old man is planting brings him satisfaction already and will also give shade to his great-grandchildren long after his death. That attitude is wise, whereas the young men show their ignorance of the world by unthinking remarks. There is no need to add a moral: the rapid description of the misfortunes that befall the youths is sufficiently explicit. The fable has remarkable depth of thought and feeling and, instead of resembling a comedy as so often in La Fontaine, it has for us something of the deep resonance of tragedy.

André Chénier
1762-94

André Chénier was born in the Middle East, in Constantinople, and felt all his life a deep nostalgia for the Hellenic world. He went to France very early, however, where he was brought up and where he completed brilliant studies at the Collège de Navarre. After some time in the army he travelled in Switzerland, Italy and England as a secretary to the embassies. Chénier greeted the Revolution with enthusiasm; but when he protested at the excesses of the terror and tried to flee, he was thrown into St Lazare prison. Four months later he was executed. His poetry was not well known during his lifetime, and it was only in 1819 that an edition of his work was published which won him immediate and lasting fame. Although he was considered then as an early Romantic he can hardly be likened to a Lamartine or a Hugo. His characteristic tone is elegiac, a disciplined calm which is continuously melodic and moves us by its tender sadness.

La jeune Tarentine

Pleurez, doux alcyons ! ô vous, oiseaux sacrés,
Oiseaux chers à Thétis, doux alcyons, pleurez !
Elle a vécu Myrto, la jeune Tarentine !
Un vaisseau la portait aux bords de Camarine :
Là l'hymen, les chansons, les flûtes, lentement
Devaient la reconduire au seuil de son amant.
Une clef vigilante a, pour cette journée,
Dans le cèdre enfermé sa robe d'hyménée,
Et l'or dont au festin ses bras seraient parés,
Et pour ses blonds cheveux les parfums préparés.
Mais, seule sur la proue, invoquant les étoiles,
Le vent impétueux qui soufflait dans les voiles
L'enveloppe ; étonnée et loin des matelots,
Elle crie, elle tombe, elle est au sein des flots.
Elle est au sein des flots, la jeune Tarentine !
Son beau corps a roulé sous la vague marine.
Thétis, les yeux en pleurs, dans le creux d'un rocher,
Aux monstres dévorants eut soin de le cacher.
Par ses ordres, bientôt les belles Néréides
L'élèvent au-dessus des demeures humides,
Le portent au rivage, et dans ce monument
L'ont au cap du Zéphyr déposé mollement ;

Puis de loin, à grands cris appelant leurs compagnes,
Et les Nymphes des bois, des sources, des montagnes,
Toutes frappant leur sein et traînant un long deuil,
Répétèrent, hélas ! autour de son cercueil :
— Hélas ! chez ton amant tu n'es point ramenée ;
Tu n'as point revêtu ta robe d'hyménée :
L'or autour de tes bras n'a point serré de nœuds,
Les doux parfums n'ont point coulé sur tes cheveux.'

Published in *Les Idylles* (1786), this poem was no doubt composed several years earlier. For Chénier it possibly began as a poetic exercise on the model of Greek and Latin elegies, and he carefully planned the composition: an initial invocation (ll. 1-2) to be followed by an explanation (ll. 3-10), then the description of the maiden's death and the mourning of the nymphs (ll. 11-26), and finally (ll. 27-30) a sad echo of the second section in the second person singular form of address. But the poem he composed is far from being an exercise: it triumphs by its creation of a legendary atmosphere, by the tone of tender regret, and above all, by the fluid incantation of the verse. 'Le beau pur', said Sainte-Beuve, 'voilà André Chénier.'

l. 1: *alcyons*, halcyons, birds dedicated to the goddess Thetis, which, according to fable, calmed the sea
l. 3: *la jeune Tarentine*, the maid of Tarento, in southern Italy
l. 4: *Camarine*, a port of Sicily
l. 8: *cèdre*, i.e. a cedar box
l. 13: *étonnée*, stunned, dazed
l. 22: *cap du Zéphyr*, a cape in southern Italy

La Flûte

Toujours ce souvenir m'attendrit et me touche,
Quand lui-même, appliquant la flûte sur ma bouche,
Riant et m'asseyant sur lui, près de son cœur,
M'appelait son rival et déjà son vainqueur.
Il façonnait ma lèvre inhabile et peu sûre
À souffler une haleine harmonieuse et pure ;
Et ses savantes mains prenaient mes jeunes doigts,
Les levaient, les baissaient, recommençaient vingt fois,
Leur enseignant ainsi, quoique faibles encore,
À fermer tour à tour les trous du buis sonore.

This is another of Chénier's early poems, an exercise in poetic diction. The lines have not of course the majesty of *La jeune Tarentine*, but present effectively in bucolic style a graceful and clearly defined vignette. To develop and master his own technique and the flute-like melody of his verse, Chénier chooses a theme which is a transposition of his own situation as an apprentice poet.

Alphonse de Lamartine
1790-1869

Lamartine was famous at different periods of his life as poet, politician and historian. His historical works are little read to-day; he is better known for his political activity as independent deputy for Dunkirk, as foreign minister (1848) and as candidate for the presidency against Louis Napoleon; but his poems are of course his principal claim to remembrance and indeed they include some of the best known and best loved of French verse. From early childhood in his native Burgundy he was attracted to literature; but his gifts did not blossom until 1816 when he fell in love with Mme Julie Charles, who died the following year. As he wrote later, 'la lyre ne nous fut donnée que pour endormir nos douleurs.' His poetry begins in a deep personal crisis which must find peace, and regain mastery of the emotions, through expression. In his work we find a verbal generality, even vagueness ('son frottis léger et brumeux', said Gustave Lanson) which helps maintain the constant suavity of his *bel canto*.

Le Lac

Ainsi, toujours poussés vers de nouveaux rivages,
Dans la nuit éternelle emportés sans retour,
Ne pourrons-nous jamais sur l'océan des âges
    Jeter l'ancre un seul jour ?

O lac ! l'année à peine a fini sa carrière,
Et près des flots chéris qu'elle devait revoir,
Regarde ! je viens seul m'asseoir sur cette pierre
    Où tu la vis s'asseoir !

Tu mugissais ainsi sous ces roches profondes ;
Ainsi tu te brisais sur leurs flancs déchirés :
Ainsi le vent jetait l'écume de tes ondes
          Sur ses pieds adorés.

Un soir, t'en souvient-il ? nous voguions en silence ;
On n'entendait au loin, sur l'onde et sous les cieux,
Que le bruit des rameurs qui frappaient en cadence
          Tes flots harmonieux.

Tout à coup des accents inconnus à la terre
Du rivage charmé frappèrent les échos ;
Le flot fut attentif, et la voix qui m'est chère
          Laissa tomber ces mots :

' O temps, suspends ton vol ! et vous, heures propices,
          Suspendez votre cours !
Laissez-nous savourer les rapides délices
          Des plus beaux de nos jours.

Assez de malheureux ici-bas vous implorent :
          Coulez, coulez pour eux ;
Prenez avec leurs jours les soins qui les dévorent ;
          Oubliez les heureux.

Mais je demande en vain quelques moments encore,
          Le temps m'échappe et fuit ;
Je dis à cette nuit : " Sois plus lente " ; et l'aurore
          Va dissiper la nuit.

Aimons donc, aimons donc ! de l'heure fugitive
          Hâtons-nous, jouissons !
L'homme n'a point de port, le temps n'a point de rive,
          Il coule, et nous passons ! '

Temps jaloux, se peut-il que ces moments d'ivresse,
Où l'amour à longs flots nous verse le bonheur,
S'envolent loin de nous de la même vitesse
          Que les jours de malheur ?

Hé quoi ! n'en pourrons-nous fixer au moins la trace ?
Quoi ! passés pour jamais ? quoi ! tout entiers perdus ?
Ce temps qui les donna, ce temps qui les efface,
          Ne nous les rendra plus ?

Éternité, néant, passé, sombres abîmes,
Que faites-vous des jours que vous engloutissez ?
Parlez : nous rendrez-vous ces extases sublimes
    Que vous nous ravissez ?

O lac ! rochers muets ! grottes ! forêt obscure !
Vous que le temps épargne ou qu'il peut rajeunir,
Gardez de cette nuit, gardez, belle nature,
    Au moins le souvenir !

Qu'il soit dans ton repos, qu'il soit dans tes orages,
Beau lac, et dans l'aspect de tes riants coteaux,
Et dans ces noirs sapins, et dans ces rocs sauvages
    Qui pendent sur tes eaux !

Qu'il soit dans le zéphyr qui frémit et qui passe,
Dans les bruits de tes bords par tes bords répétés,
Dans l'astre au front d'argent qui blanchit ta surface
    De ses molles clartés !

Que le vent qui gémit, le roseau qui soupire,
Que les parfums légers de ton air embaumé,
Que tout ce qu'on entend, l'on voit ou l'on respire,
    Tout dise : ' Ils ont aimé ! '

This is the most famous of the twenty-four poems of the *Méditations poétiques* published in 1820. In August 1817 Lamartine had gone to Aix-les-Bains, on the Lac du Bourget, hoping to find Mme Charles whom he had met there the previous year ('ils se rencontrèrent et ils s'aimèrent'). But she was dying of consumption and unable to join him. In loneliness and grief the poet began to write this poem, and discovered a new voice in French lyricism, a voice that sings of the melancholy transience of time and love with inspired fervour. He first of all seeks to 'suspendre le temps', but realizes the futility of his quest; then his song moves forward to its end, which can hardly be called a resolution: a final desperate prayer to all the elements of nature to keep an eternal imprint of the love he and his mistress enjoyed. It will be seen that the poem does not really follow a line of logical argument but unfolds above all according to a musical progression. In this, perhaps more than in its language, lay the revolutionary nature of *Le Lac* for Lamartine's contemporaries.

l. 59: *l'astre au front d'argent*, i.e. the moon

Alfred de Vigny
1797-1863

Vigny's early years in an old aristocratic family of Loches (Indre-et-Loire) were not happy; it was, he tells us, 'une enfance sombre, triste et défiante'. His first book of poems, *Poèmes antiques et modernes,* appeared in 1822. Other literary ventures were his novels (*Cinq-Mars,* 1826; *Stello,* 1832; *Servitude et grandeur militaires,* 1835), his translations of Shakespeare, two plays, and his *Journal d'un poète.* But his greatest work dates from 1843 when he began publishing his poetic allegories (later collected in *Les Destinées,* 1864) which express the isolation of the man of genius and a stoical attitude that alone, he believes, is worthy of him. Vigny feels the need to escape from the present ('un effroi du présent et du réel dans ma vie') and it is poetry that allows him to penetrate into a world of exalted and ideal meditation ('Poésie ! ô trésor ! perle de la pensée !').

Le Cor
I

J'aime le son du cor, le soir, au fond des bois,
Soit qu'il chante les pleurs de la biche aux abois,
Ou l'adieu du chasseur que l'écho faible accueille
Et que le vent du nord porte de feuille en feuille.

Que de fois, seul dans l'ombre à minuit demeuré,
J'ai souri de l'entendre, et plus souvent pleuré !
Car je croyais ouïr de ces bruits prophétiques
Qui précédaient la mort des paladins antiques.

O montagnes d'azur ! ô pays adoré !
Rocs de la Frazona, cirque du Marboré,
Cascades qui tombez des neiges entraînées,
Sources, gaves, ruisseaux, torrents des Pyrénées,

Monts gelés et fleuris, trônes des deux saisons,
Dont le front est de glace et les pieds de gazons !
C'est là qu'il faut s'asseoir, c'est là qu'il faut entendre
Les airs lointains d'un cor mélancolique et tendre.

Souvent un voyageur, lorsque l'air est sans bruit,
De cette voix d'airain fait retentir la nuit ;
À ses chants cadencés autour de lui se mêle
L'harmonieux grelot du jeune agneau qui bêle.

Une biche attentive, au lieu de se cacher,
Se suspend immobile au sommet du rocher,
Et la cascade unit, dans une chute immense,
Son éternelle plainte au chant de la romance.

Âmes des chevaliers, revenez-vous encor ?
Est-ce vous qui parlez avec la voix du cor ?
Roncevaux ! Roncevaux ! dans ta sombre vallée
L'ombre du grand Roland n'est donc pas consolée ?

II

Tous les preux étaient morts, mais aucun n'avait fui.
Il reste seul debout, Olivier près de lui ;
L'Afrique sur les monts l'entoure et tremble encore.
— Roland, tu vas mourir, rends-toi, criait le More :

' Tous tes pairs sont couchés dans les eaux des torrents.'
Il rugit comme un tigre et dit : ' Si je me rends,
Africain, ce sera lorsque les Pyrénées
Sur l'onde avec leurs corps rouleront entraînées.'

— Rends-toi donc, répond-il, ou meurs ! car les voilà.'
Et du plus haut des monts un grand rocher roula.
Il bondit, il roula jusqu'au fond de l'abîme,
Et de ses pins, dans l'onde, il vint briser la cime.

— Merci ! cria Roland, tu m'as fait un chemin.'
Et jusqu'au pied des monts le roulant d'une main,
Sur le roc affermi, comme un géant, s'élance ;
Et, prête à fuir, l'armée à ce seul pas balance.

III

Tranquilles cependant, Charlemagne et ses preux
Descendaient la montagne et se parlaient entre eux.
A l'horizon déjà, par leurs eaux signalées,
De Luz et d'Argelès se montrent les vallées.

philosophy of moral lesson →

L'armée applaudissait. Le luth du troubadour
S'accordait pour chanter les saules de l'Adour ;
Le vin français coulait dans la coupe étrangère ;
Le soldat, en riant, parlait à la bergère.

Roland gardait les monts : tous passaient sans effroi.
Assis nonchalamment sur un noir palefroi
Qui marchait revêtu de housses violettes,
Turpin disait, tenant les saintes amulettes :

' Sire, on voit dans le ciel des nuages de feu ;
Suspendez votre marche ; il ne faut tenter Dieu.
Par monsieur saint Denis, certes ce sont des âmes
Qui passent dans les airs sur ces vapeurs de flammes.

Deux éclairs ont relui, puis deux autres encor.'
Ici l'on entendit le son lointain du cor.
L'empereur étonné, se jetant en arrière,
Suspend du destrier la marche aventurière.

— Entendez-vous ? ' dit-il. ' Oui, ce sont des pasteurs
Rappelant les troupeaux épars sur les hauteurs,
Répondit l'archevêque, ou la voix étouffée
Du nain vert Obéron qui parle avec sa fée.'

Et l'Empereur poursuit : mais son front soucieux
Est plus sombre et plus noir que l'orage des cieux.
Il craint la trahison, et, tandis qu'il y songe,
Le cor éclate et meurt, renaît et se prolonge.

— Malheur ! c'est mon neveu ! malheur ! car, si Roland
Appelle à son secours, ce doit être en mourant.
Arrière, chevaliers, repassons la montagne !
Tremble encor sous nos pieds, sol trompeur de l'Espagne ! '

IV

Sur le plus haut des monts s'arrêtent les chevaux ;
L'écume les blanchit ; sous leurs pieds, Roncevaux
Des feux mourants du jour à peine se colore.
À l'horizon lointain fuit l'étendard du More.

— Turpin, n'as-tu rien vu dans le fond du torrent ?
— J'y vois deux chevaliers ; l'un mort, l'autre expirant.

Tous deux sont écrasés sous une roche noire ;
Le plus fort, dans sa main, élève un cor d'ivoire ;
Son âme, en s'exhalant, nous appela deux fois.'

.   .   .   .   .

Dieu ! que le son du cor est triste au fond des bois !

In 1824 Alfred de Vigny, serving with his regiment in the Pyrenees, visited the Cirque de Gavarnie, the spectacular natural amphitheatre of which one section commemorates medieval legend and is known as the *brèche de Roland* because Roland is supposed to have hewn it with one blow of his sword. It was very probably this visit that directly inspired Vigny's poem. *Le Cor* is a fine lyrical narrative in which Vigny retells the heroic deed of one of the twelve peers of Charlemagne, Roland, and his friend Olivier, who refused to surrender to the Moors at Roncevaux in the Pyrenees in 778. It begins (Part I) with seven stanzas that introduce the theme in a very personal manner and establish the tone of admiration and tender regret. The simple sound of a hunting-horn evokes for the poet the horn that was sounded before the death of ancient paladins; it recalls in particular the wild mountain slopes of the Pyrenees where, if a horn is heard, you imagine that Roland's shade is still restlessly calling over the centuries. Part II then gives the tableau of the heroic past— Roland valiantly resisting the Moors with Olivier by his side. In the following stanzas the scene changes: Charlemagne and his army are returning to France from Spain when they hear a horn. Turpin, the archbishop, thinks it is only the shepherds or the king of the elves Oberon; but at last the Emperor realizes that his nephew must have been attacked by the Moors. The final scene (Part IV) shows Charlemagne and Turpin who have found the bodies of the two knights; and like a final echo of the scene, the last line returns from the legendary narrative to the present, to the melancholy that the horn produces in the soul of the poet.

l. 10: *la Frazona, le Marboré*, mountains in the western Pyrenees
l. 31: *l'Afrique*, that is to say, the Moors
l. 48: *Luz, Argelès*, two valleys in the Pyrenees
l. 50: *l'Adour*, river of the Pyrenees which flows into the Bay of Biscay
l. 59: *saint Denis*, the first bishop of Paris

La Mort du loup

I

Les nuages couraient sur la lune enflammée
Comme sur l'incendie on voit fuir la fumée,
Et les bois étaient noirs jusques à l'horizon.
Nous marchions, sans parler, dans l'humide gazon,
Dans la bruyère épaisse et dans les hautes brandes,
Lorsque, sous des sapins pareils à ceux des Landes,
Nous avons aperçu les grands ongles marqués
Par les loups voyageurs que nous avions traqués.
Nous avons écouté, retenant notre haleine
Et le pas suspendu. — Ni le bois ni la plaine
Ne poussaient un soupir dans les airs ; seulement
La girouette en deuil criait au firmament ;
Car le vent, élevé bien au-dessus des terres,
N'effleurait de ses pieds que les tours solitaires ;
Et les chênes d'en bas, contre les rocs penchés,
Sur leurs coudes semblaient endormis et couchés.
Rien ne bruissait donc, lorsque, baissant la tête,
Le plus vieux des chasseurs qui s'étaient mis en quête
A regardé le sable en s'y couchant ; bientôt,
Lui que jamais ici l'on ne vit en défaut,
A déclaré tout bas que ces marques récentes
Annonçaient la démarche et les griffes puissantes
De deux grands loups-cerviers et de deux louveteaux.
Nous avons tous alors préparé nos couteaux,
Et, cachant nos fusils et leurs lueurs trop blanches,
Nous allions pas à pas, en écartant les branches.
Trois s'arrêtent, et moi, cherchant ce qu'ils voyaient,
J'aperçois tout à coup deux yeux qui flamboyaient,
Et je vois au delà quatre formes légères
Qui dansaient sous la lune au milieu des bruyères,
Comme font chaque jour, à grand bruit sous nos yeux,
Quand le maître revient, les lévriers joyeux.
Leur forme était semblable, et semblable la danse :
Mais les enfants du loup se jouaient en silence,
Sachant bien qu'à deux pas, ne dormant qu'à demi,
Se couche dans ses murs l'homme, leur ennemi.

Le père était debout, et plus loin, contre un arbre,
Sa louve reposait comme celle de marbre
Qu'adoraient les Romains, et dont les flancs velus
Couvaient les demi-dieux Rémus et Romulus.
Le loup vient et s'assied, les deux jambes dressées
Par leurs ongles crochus dans le sable enfoncées.
Il s'est jugé perdu, puisqu'il était surpris,
Sa retraite coupée et tous ses chemins pris ;
Alors il a saisi, dans sa gueule brûlante,
Du chien le plus hardi la gorge pantelante,
Et n'a pas desserré ses mâchoires de fer,
Malgré nos coups de feu qui traversaient sa chair,
Et nos couteaux aigus qui, comme des tenailles
Se croisaient en plongeant dans ses larges entrailles,
Jusqu'au dernier moment où le chien étranglé,
Mort longtemps avant lui, sous ses pieds a roulé.
Le loup le quitte alors et puis il nous regarde.
Les couteaux lui restaient au flanc jusqu'à la garde,
Le clouaient au gazon tout baigné dans son sang ;
Nos fusils l'entouraient en sinistre croissant.
Il nous regarde encore, ensuite il se recouche,
Tout en léchant le sang répandu sur sa bouche,
Et, sans daigner savoir comment il a péri,
Refermant ses grands yeux, meurt sans jeter un cri.

II

J'ai reposé mon front sur mon fusil sans poudre,
Me prenant à penser, et na'i pu me résoudre
À poursuivre sa louve et ses fils, qui, tous trois,
Avaient voulu l'attendre, et, comme je le crois,
Sans ses deux louveteaux, la belle et sombre veuve
Ne l'eût pas laissé seul subir la grande épreuve ;
Mais son devoir était de les sauver, afin
De pouvoir leur apprendre à bien souffrir la faim,
À ne jamais entrer dans le pacte des villes
Que l'homme a fait avec les animaux serviles
Qui chassent devant lui, pour avoir le coucher,
Les premiers possesseurs du bois et du rocher.

III

Hélas ! ai-je pensé, malgré ce grand nom d'Hommes,
Que j'ai honte de nous, débiles que nous sommes !
Comment on doit quitter la vie et tous ses maux,
C'est vous qui le savez, sublimes animaux !
À voir ce que l'on fut sur terre et ce qu'on laisse,
Seul le silence est grand ; tout le reste est faiblesse.
— Ah ! je t'ai bien compris, sauvage voyageur,
Et ton dernier regard m'est allé jusqu'au cœur !
Il disait : ' Si tu peux, fais que ton âme arrive,
À force de rester studieuse et pensive.
Jusqu'à ce haut degré de stoïque fierté
Où, naissant dans les bois, j'ai tout d'abord monté.
Gémir, pleurer, prier, est également lâche.
Fais énergiquement ta longue et lourde tâche
Dans la voie où le sort a voulu t'appeler.
Puis, après, comme moi, souffre et meurs sans parler.'

In this poem, published in 1843, Vigny was no doubt inspired
by Byron's *Childe Harold* (IV, xxi) which gives as an example
of noble suffering the silent death of the wolf:

> And the wolf dies in silence,—not bestow'd
> In vain should such example be: if they,
> Things of ignoble or of savage mood,
> Endure and shrink not, we of nobler clay
> May temper it to bear,—it is but for a day.

For Vigny likewise the wolf's death is a symbol of 'courageuse
résignation', of 'désespoir paisible'. As usual with him his poem
is developed in a number of sections: first, ll. 1 to 60 describe the
hunting scene in a dramatic landscape of black and red, silence,
and the lone metallic sound of a weathercock turning. The wolf
is at bay but dies courageously without a cry. The second section
(ll. 61-74) is the first meditation of the poet as he refuses to hunt
the she-wolf and her cubs and thinks of the death he has just
seen. The last section (ll. 75-90) presents the moral lesson of stoic
pride that the wolf has taught. Despite some weakness of phrasing
and an embarrassing sentimentality in the second section, the
poem is not without an impressive dignity of tone.

l. 6: *Les Landes*, a *département* of south-west France, a flat sandy region
with numerous pine forests
l. 23: *deux grands loups-cerviers*, normally a kind of lynx; here Vigny uses
the expression to evoke a large and powerful wolf

Victor Hugo

1802-85

For over sixty years Hugo wrote every day from five o'clock to midday. His output was enormous and included not only poetry, but drama (*Hernani, Ruy Blas, Les Burgraves*), novels (*Notre-Dame de Paris, Les Misérables, Les Travailleurs de la mer, Quatre-vingt-treize*), criticism, and accounts of travel. He was the universal creator who believed that he was living 'au centre de tout comme un écho sonore' and everything and every word became the potential source of his poetry. And yet it is not so much the world that Hugo echoes; it is, rather, the movement of the verse which echoes his own tremendous vitality, and eager desire to sound the inexhaustible mystery that is constantly opening up in front of him. 'Précipite-toi, haletant, à la poursuite du prodige', he once wrote; and on another occasion he characterized his attitude well when he spoke of 'l'imagination ailée, opulente et joyeuse d'un homme à pied'. During the twenty years between 1851 and 1870 he refused to set foot in France where Napoleon III was in power, and thus became for his fellow countrymen not only the century's greatest poet, but a symbol of their own long protest in the name of freedom.

Vieille chanson du jeune temps

Je ne songeais pas à Rose !
Rose au bois vint avec moi ;
Nous parlions de quelque chose,
Mais je ne sais plus de quoi.

J'étais froid comme les marbres ;
Je marchais à pas distraits ;
Je parlais des fleurs, des arbres ;
Son œil semblait dire : Après ?

La rosée offrait ses perles,
Le taillis ses parasols ;
J'allais ; j'écoutais les merles,
Et Rose les rossignols.

Moi, seize ans ; et l'air morose,
Elle vingt ; ses yeux brillaient.
Les rossignols chantaient Rose
Et les merles me sifflaient.

Rose, droite sur ses hanches,
Leva son beau bras tremblant
Pour prendre une mûre aux branches ;
Je ne vis pas son bras blanc.

Une eau courait fraîche et creuse,
Sur les mousses de velours ;
Et la nature amoureuse
Dormait dans les grands bois sourds.

Rose défit sa chaussure,
Et mit, d'un air ingénu
Son petit pied dans l'eau pure ;
Je ne vis pas son pied nu.

Je ne savais que lui dire ;
Je la suivais dans le bois,
La voyant parfois sourire
Et soupirer quelquefois.

Je ne vis qu'elle était belle
Qu'en sortant des grands bois sourds.
— Soit ; n'y pensons plus, dit-elle.
Depuis j'y pense toujours.

This poem was composed in June 1831. Here is Victor Hugo
recalling his youth (there was indeed a girl called Rose who first
turned his head) in a gentle song where humour mingles with
regret. The lightness of voice is admirably caught as the two
young people are contrasted, the one very knowing, the other
unaware. The poet finds his pleasure above all in rhyming and
in combining a series of smiling details, and introduces only a
trace (ll. 23-24) of the graver tones that are his more frequent
register.

Puisque mai tout en fleurs...

Puisque mai tout en fleurs dans les prés nous réclame,
Viens ! ne te lasse pas de mêler à ton âme
La campagne, les bois, les ombrages charmants,
Les larges clairs de lune au bord des flots dormants,
Le sentier qui finit où le chemin commence,
Et l'air et le printemps et l'horizon immense,

L'horizon que ce monde attache humble et joyeux
Comme une lèvre au bas de la robe des cieux !
Viens ! et que le regard des pudiques étoiles
Qui tombe sur la terre à travers tant de voiles,
Que l'arbre pénétré de parfums et de chants,
Que le souffle embrasé de midi dans les champs,
Et l'ombre et le soleil et l'onde et la verdure,
Et le rayonnement de toute la nature
Fassent épanouir, comme une double fleur,
La beauté sur ton front et l'amour dans ton cœur !

Published in 1835, this poem was written for Juliette Drouet who remained for fifty years the companion of the poet, and it probably commemorates one of their excursions in the region around the valley of the Bièvre. The sixteen lines are composed of only two sentences and have a precipitate movement, a mounting enthusiasm of accumulated effect. Hugo enumerates diverse images of fresh nature, suggesting indirectly in l. 8 the love for Juliette that fills his heart. Finally, in the last line, he resumes the whole scene in the double flower of Spring—beauty and love —that he knows will unfold in the person of his radiant mistress.

Oceano nox

Oh ! combien de marins, combien de capitaines,
Qui sont partis joyeux pour des courses lointaines,
Dans ce morne horizon se sont évanouis !
Combien ont disparu, dure et triste fortune,
Dans une mer sans fond, par une nuit sans lune,
Sous l'aveugle Océan à jamais enfouis !

Combien de patrons morts avec leurs équipages !
L'ouragan de leur vie a pris toutes les pages,
Et d'un souffle il a tout dispersé sur les flots.
Nul ne saura leur fin dans l'abîme plongée.
Chaque vague, en passant, d'un butin s'est chargée ;
L'une a saisi l'esquif, l'autre les matelots.

Nul ne sait votre sort, pauvres têtes perdues,
Vous roulez à travers les sombres étendues,
Heurtant de vos fronts morts des écueils inconnus.
Oh ! que de vieux parents, qui n'avaient plus qu'un rêve,
Sont morts en attendant tous les jours, sur la grève
        Ceux qui ne sont pas revenus

On s'entretient de vous parfois dans les veillées.
Maint joyeux cercle, assis sur des ancres rouillées,
Mêle encor, quelque temps, vos noms, d'ombre couverts,
Aux rires, aux refrains, aux récits d'aventures,
Aux baisers qu'on dérobe à vos belles futures,
Tandis que vous dormez dans les goémons verts.

On demande : 'Où sont-ils ? Sont-ils rois dans quelque île ?
Nous ont-ils délaissés pour un bord plus fertile ? '
Puis votre souvenir même est enseveli.
Le corps se perd dans l'eau, le nom dans la mémoire,
Le temps, qui sur toute ombre en verse une plus noire,
Sur le sombre Océan jette le sombre oubli.

Bientôt des yeux de tous votre ombre est disparue,
L'un n'a-t-il pas sa barque et l'autre sa charrue ?
Seules, durant ces nuits où l'orage est vainqueur,
Vos veuves aux fronts blancs, lasses de vous attendre,
Parlent encor de vous en remuant la cendre
        De leur foyer et de leur cœur.

Et quand la tombe enfin a fermé leur paupière,
Rien ne sait plus vos noms, pas même une humble pierre,
Dans l'étroit cimetière où l'écho nous répond,
Pas même un saule vert qui s'effeuille à l'automne,
Pas même la chanson naïve et monotone
Que chante un mendiant à l'angle du vieux pont.

Où sont-ils, les marins sombrés dans les nuits noires ?
O flots, que vous avez de lugubres histoires,
Flots profonds, redoutés des mères à genoux !
Vous vous les racontez en montant les marées,
Et c'est ce qui vous fait ces voix désespérées
Que vous avez le soir quand vous venez vers nous.

'Night on the Ocean' was composed in 1836 and published four years later in the collection *Les Rayons et les Ombres*. Few poets have been so fascinated by the ocean as was Victor Hugo; and here, in the short space of forty-eight lines, he gives rich expression to the melancholy evoked by meditation on those who die at sea. The poem follows a clear-cut line of development: first of all Hugo recalls the dead, both ordinary seamen and their captains, in a series of moving invocations (st. 1-3); their names, faces, and actions are remembered for some time by their friends and relatives but gradually they are forgotten (st. 4-6) (just as in st. 3, an octosyllable indicates the end of the section); st. 9 recapitulates and concludes the theme of st. 4-6 by describing the complete oblivion into which the dead men's names have fallen; while the last lines recapture the deep resonance of the three opening stanzas, as the desperate voices of the ocean are heard.

Nuits de juin

L'été, lorsque le jour a fui, de fleurs couverte
La plaine verse au loin un parfum enivrant ;
Les yeux fermés, l'oreille aux rumeurs entr'ouverte,
On ne dort qu'à demi d'un sommeil transparent.

Les astres sont plus purs, l'ombre paraît meilleure ;
Un vague demi-jour teint le dôme éternel ;
Et l'aube douce et pâle, en attendant son heure,
Semble toute la nuit errer au bas du ciel.

This short poem, published in 1837, expresses the exultation the poet feels during a summer night spent in communion with nature. The sun has fled but things are only half-shrouded in darkness. Even those that sleep remain aware of the world around them, its perfumes, noises, the stars, the paleness of the sky. Hugo conveys an impression of excitement by his personified description of nature, especially beautiful in the last two lines as dawn is described wandering about the horizon, waiting all night long for the moment to appear, like an actress waiting for her cue.

Saison des semailles : le soir

C'est le moment crépusculaire.
J'admire, assis sous un portail,
Ce reste de jour dont s'éclaire
La dernière heure du travail.

Dans les terres, de nuit baignées,
Je contemple, ému, les haillons
D'un vieillard qui jette à poignées
La moisson future aux sillons.

Sa haute silhouette noire
Domine les profonds labours.
On sent à quel point il doit croire
À la fuite utile des jours.

Il marche dans la plaine immense,
Va, vient, lance la graine au loin,
Rouvre sa main, et recommence,
Et je médite, obscur témoin,

Pendant que, déployant ses voiles,
L'ombre, où se mêle une rumeur,
Semble élargir jusqu'aux étoiles
Le geste auguste du semeur.

This was included in the collection *Les Chansons des rues et des bois* (1865), but was probably written twenty years before. In his travel notes of 1840 Hugo had already described the sower in words that suggest the images of this poem: 'Le semeur marche à grands pas et gesticule tragiquement dans la plaine solitaire.' Although it is so short, *Saison des semailles* is one of the most perfect poems Hugo ever wrote. The time evoked is twilight when things seem to take on a strange depth ('le moment', as Hugo said, 'où la nature se déforme et devient fantastique'). While the poet ('obscur témoin') contemplates a landscape framed by the gateway where he is seated, the sower seems a towering heroic figure who is creating the future. His simple gesture is magnified by the darkness and he takes on a majesty that puts him in mysterious communion with the eternal forces of destiny.

Demain, dès l'aube...

Demain, dès l'aube, à l'heure où blanchit la campagne,
Je partirai. Vois-tu, je sais que tu m'attends.
J'irai par la forêt, j'irai par la montagne.
Je ne puis demeurer loin de toi plus longtemps.

Je marcherai les yeux fixés sur mes pensées,
Sans rien voir au dehors, sans entendre aucun bruit,
Seul, inconnu, le dos courbé, les mains croisées,
Triste, et le jour pour moi sera comme la nuit.

Je ne regarderai ni l'or du soir qui tombe,
Ni les voiles au loin descendant vers Harfleur,
Et quand j'arriverai, je mettrai sur ta tombe
Un bouquet de houx vert et de bruyère en fleur.

Taken from *Les Contemplations* (1856), this is one of 'quelques chants pour ma fille', Léopoldine Hugo, who was drowned with her husband while sailing at Villequier on the Seine in 1843, seven months after her marriage. It begins with irresistible force as the poet addresses his dear one and says he must go to her; he is like a lover drawn to his mistress. The emotion is modified in the second stanza: it is not a voyage of love, but of solitude and sadness: 'le jour pour moi sera comme la nuit'. He will not notice the setting sun, nor the boats going down to Harfleur (for would they not simply recall a death which is already at the centre of his thoughts?). In the last two lines the goal of his journey becomes explicit: it is a pilgrimage to his daughter's grave and his offering of holly and flowering heath has something of the balance of Ronsard's homage to Marie (see *Comme on voit sur la branche...*); but where Ronsard evokes an ordered nature, Hugo suggests by his words a sense of untamed wildness and a corresponding disquiet in the poet's soul.

Chant du bol de punch

Je suis la flamme bleue,
J'habite la banlieue,
Le vallon, le coteau.
Sous l'if et le mélèze,
J'erre au Père-Lachaise,
J'erre au Campo-Santo.

L'eau brille au crépuscule,
Le passant sur sa mule
Fait un signe de croix,
Son chien baisse la queue ;
Je suis la flamme bleue
Qui danse au fond des bois.

La nuit étend son aile ;
De Profundis se mêle
À Traderidera ;
Les morts ouvrent leur bière,
Spectres, au cimetière !
Masques, à l'Opéra !

Garçon, du punch ! — j'arrive.
Je suis le bleu convive,
L'esprit des lacs blafards,
Le nain des joncs moroses ;
Je viens baiser les roses
Après les nénuphars.

Buvez, fils et donzelles.
D'autres ont été belles,
D'autres ont été beaux.
Riez, joyeuses troupes.
Pour danser sur vos coupes
Je sors de leurs tombeaux.

Monte à ta chambre, apporte
Ton charbon, clos la porte,
Allume ; c'est le soir.
Regarde dans ton bouge,
Comme un masque à l'œil rouge,
Flamber ton réchaud noir.

D'autres boivent dans l'ombre,
Toi, tu meurs ; ton œil sombre
S'éteint, ton front pâlit ;
Je suis là, je t'éclaire,
Et j'ai quitté leur verre
Pour danser sur ton lit.

Written about 1852, this poem was published posthumously
in *Toute la lyre*. Hugo spoke once of an aspect of his personality
that he called by the name Maglia, representing his sense of
humour or, perhaps more precisely, of fantasy; one may say that
the *Chant du bol de punch* is the expression of this attitude. It is
the song of the blue flame that is found as a will-o'-the-wisp in
nature, and which comes to sing as a vapour on the bowl of hot

punch in the poet's room. It is joyous, inviting laughter, and yet it brings with it a sense of life's transiency. It is by this fanciful and lightly moving play of gaiety and death that the *Chant* creates an original atmosphere.

l. 5: *le Père-Lachaise*, a famous cemetery in Paris
l. 6: *le Campo-Santo*, a name given to cemeteries in Italy; in particular, to that of Pisa
ll. 14-15: *De Profundis se mêle à Traderidera*, 'De Profundis (a prayer for the dead) mingles with a bright "Tra-la-la"'

J'ai cueilli cette fleur...

J'ai cueilli cette fleur pour toi sur la colline.
Dans l'âpre escarpement qui sur le flot s'incline,
Que l'aigle connaît seul et seul peut approcher,
Paisible, elle croissait aux fentes du rocher.
L'ombre baignait les flancs du morne promontoire ;
Je voyais, comme on dresse au lieu d'une victoire
Un grand arc de triomphe éclatant et vermeil,
À l'endroit où s'était englouti le soleil,
La sombre nuit bâtir un porche de nuées.
Des voiles s'enfuyaient, au loin diminuées ;
Quelques toits, s'éclairant au fond d'un entonnoir,
Semblaient craindre de luire et de se laisser voir.
J'ai cueilli cette fleur pour toi, ma bien-aimée.
Elle est pâle, et n'a pas de corolle embaumée.
Sa racine n'a pris sur la crête des monts
Que l'amère senteur des glauques goémons ;
Moi, j'ai dit : Pauvre fleur, du haut de cette cime,
Tu devais t'en aller dans cet immense abîme
Où l'algue et le nuage et les voiles s'en vont.
Va mourir sur un cœur, abîme plus profond.
Fane-toi sur ce sein en qui palpite un monde.
Le ciel, qui te créa pour t'effeuiller dans l'onde,
Te fit pour l'océan, je te donne à l'amour. —
Le vent mêlait les flots ; il ne restait du jour
Qu'une vague lueur, lentement effacée.
Oh ! comme j'étais triste au fond de ma pensée
Tandis que je songeais, et que le gouffre noir
M'entrait dans l'âme avec tous les frissons du soir !

This poem was written in 1852 during Hugo's exile in the Channel Islands. Its theme is a simple one: on a cliff overlooking the ocean the poet has picked a flower which he is now sending to his love; but Hugo treats the subject in such a way that the poem becomes quite the opposite of a formal artificial tribute. We feel a forward thrust which comes in three main surges: ll. 1-12, the description of the place where the flower was picked; ll. 13-23, the description of, and address to, the flower; ll. 24-28, the approach of night and sadness. Dramatic strength comes from the startling contrast of smallness and immensity, light and darkness, depth and height, love and melancholy.

L'Expiation

I

Il neigeait. On était vaincu par sa conquête.
Pour la première fois l'aigle baissait la tête.
Sombres jours ! l'empereur revenait lentement,
Laissant derrière lui brûler Moscou fumant.
Il neigeait. L'âpre hiver fondait en avalanche.
Après la plaine blanche, une autre plaine blanche.
On ne connaissait plus les chefs ni le drapeau.
Hier la grande armée, et maintenant troupeau.
On ne distinguait plus les ailes ni le centre.
Il neigeait. Les blessés s'abritaient dans le ventre
Des chevaux morts ; au seuil des bivouacs désolés
On voyait des clairons à leur poste gelés,
Restés debout, en selle et muets, blancs de givre,
Collant leur bouche en pierre aux trompettes de cuivre.
Boulets, mitraille, obus, mêlés aux flocons blancs,
Pleuvaient ; les grenadiers, surpris d'être tremblants,
Marchaient pensifs, la glace à leur moustache grise.
Il neigeait, il neigeait toujours ! La froide bise
Sifflait ; sur le verglas, dans des lieux inconnus,
On n'avait pas de pain et l'on allait pieds nus.
Ce n'étaient plus des cœurs vivants, des gens de guerre ;
C'était un rêve errant dans la brume, un mystère,
Une procession d'ombres sur le ciel noir.
La solitude, vaste, épouvantable à voir,

Partout apparaissait, muette vengeresse.
Le ciel faisait sans bruit avec la neige épaisse
Pour cette immense armée un immense linceul ;
Et, chacun se sentant mourir, on était seul.
— Sortira-t-on jamais de ce funeste empire ?
Deux ennemis ! Le Czar, le Nord. Le Nord est pire.
On jetait les canons pour brûler les affûts.
Qui se couchait, mourait. Groupe morne et confus,
Ils fuyaient ; le désert dévorait le cortège.
On pouvait, à des plis qui soulevaient la neige,
Voir que des régiments s'étaient endormis là.
O chutes d'Annibal ! lendemains d'Attila !
Fuyards, blessés, mourants, caissons, brancards, civières,
On s'écrasait aux ponts pour passer les rivières :
On s'endormait dix mille, on se réveillait cent.
Ney, que suivait naguère une armée, à présent
S'évadait, disputant sa montre à trois cosaques.
Toutes les nuits, qui-vive ! alerte ! assauts ! attaques !
Ces fantômes prenaient leur fusil et sur eux
Ils voyaient se ruer, effrayants, ténébreux,
Avec des cris pareils aux voix des vautours chauves,
D'horribles escadrons, tourbillons d'hommes fauves.
Toute une armée ainsi dans la nuit se perdait.
L'empereur était là, debout, qui regardait.
Il était comme un arbre en proie à la cognée :
Sur ce géant, grandeur jusqu'alors épargnée,
Le malheur, bûcheron sinistre, était monté ;
Et lui, chêne vivant par la hache insulté,
Tressaillant sous le spectre aux lugubres revanches,
Il regardait tomber autour de lui ses branches.
Chefs, soldats, tous mouraient. Chacun avait son tour.
Tandis qu'environnant sa tente avec amour,
Voyant son ombre aller et venir sur la toile,
Ceux qui restaient, croyant toujours à son étoile,
Accusaient le destin de lèse-majesté,
Lui se sentit soudain dans l'âme épouvanté.
Stupéfait du désastre et ne sachant que croire,
L'empereur se tourna vers Dieu ; l'homme de gloire
Trembla ; Napoléon comprit qu'il expiait
Quelque chose peut-être, et, livide, inquiet,

Devant ses légions sur la neige semées :
' Est-ce le châtiment, dit-il, Dieu des armées ? '
Alors il s'entendit appeler par son nom,
Et quelqu'un qui parlait dans l'ombre lui dit : ' Non.'

L'Expiation, a poem in seven parts, was composed in 1852 when
Napoleon III had just re-established the Imperial title. The
theme Hugo develops is that Napoleon Bonaparte must expiate
the *Dix-huit Brumaire*, the day of November, 1799, on which the
young general, having just returned from Egypt, forced his rivals
to resign and established the Consulate: but he will not pay for
it by the Russian disaster (described in the first section which is
reproduced here), nor by Waterloo, nor by death in exile, but
by the pale and ludicrous imitation of his achievements in the
action of his nephew Napoleon III seizing power. It will be seen
from this plan that the poem, despite the satiric intention of the
whole, has fine epic breadth in its presentation of a series of grandiose tableaux. This is already evident in the sixty-eight opening
lines which describe the monotonous empire of snow and death
as the French armies retreat from Moscow. In the midst of the
disastrous end to their ambitious dream (' O chutes d'Annibal !
lendemains d'Attila ! ') we find the lone form of Napoleon, like
a tree whose branches are being lopped off one by one and whose
trunk itself will suffer the blows of the axe. Fear takes hold; and
yet, as the last line affirms, this is not yet the true expiation, the
final punishment.

La Chanson du spectre

Qui donc êtes-vous, la belle ?
Comment vous appelez-vous ?
Une vierge était chez nous ;
Ses yeux étaient ses bijoux.
Je suis la vierge, dit-elle.
Cueillez la branche de houx.

Vous êtes en blanc, la belle ;
Comment vous appelez-vous ?
En gardant les grands bœufs roux,
Claude lui fit les yeux doux.
Je suis la fille, dit-elle.
Cueillez la branche de houx.

Vous portez des fleurs, la belle ;
Comment vous appelez-vous ?
Les vents et les cœurs sont fous,
Un baiser les fit époux.
Je suis l'amante, dit-elle.
Cueillez la branche de houx.

Vous avez pleuré, la belle ;
Comment vous appelez-vous ?
Elle eut un fils, prions tous,
Dieu le prit sur ses genoux.
Je suis la mère, dit-elle.
Cueillez la branche de houx.

Vous êtes pâle, la belle ;
Comment vous appelez-vous ?
Elle s'enfuit dans les trous,
Sinistre, avec les hiboux.
Je suis la folle, dit-elle.
Cueillez la branche de houx.

Vous avez bien froid, la belle ;
Comment vous appelez-vous ?
Les amours et les yeux doux
De nos cercueils sont les clous.
Je suis la morte, dit-elle.
Cueillez la branche de houx.

Written in 1855, *La Chanson du spectre* was published post-humously in *Toute la lyre* (1888). Hugo adopts the nervous, rapid line of seven syllables, an admirable metre for this touching song composed on only two rhymes. The atmosphere and rhythm are those of the traditional ballad, and the quiet incantatory refrain may be compared to a similar use in *The Twa Sisters* ('. . . By the bonny mill-dams o' Binnorie . . .'). A simple tale is told of love, madness and death; the tone with its repeated questions (here once again we think of the technique of a ballad like *Lord Randal*) is direct; and yet the poem has a supernatural halo which is due in large part to the fascination of rhyme and refrain.

Aux Feuillantines

Mes deux frères et moi, nous étions tout enfants.
Notre mère disait : Jouez, mais je défends
Qu'on marche dans les fleurs et qu'on monte aux échelles.

Abel était l'aîné, j'étais le plus petit.
Nous mangions notre pain de si bon appétit
Que les femmes riaient quand nous passions près d'elles.

Nous montions, pour jouer, au grenier du couvent.
Et là, tout en jouant, nous regardions souvent
Sur le haut d'une armoire un livre inaccessible.

Nous grimpâmes un jour jusqu'à ce livre noir :
Je ne sais pas comment nous fîmes pour l'avoir,
Mais je me souviens bien que c'était une Bible.

Ce vieux livre sentait une odeur d'encensoir.
Nous allâmes ravis dans un coin nous asseoir.
Des estampes partout ! quel bonheur ! quel délire !

Nous l'ouvrîmes alors tout grand sur nos genoux,
Et dès le premier mot il nous parut si doux
Qu'oubliant de jouer, nous nous mîmes à lire.

Nous lûmes tous les trois ainsi, tout le matin,
Joseph, Ruth et Booz, le bon Samaritain,
Et toujours plus charmés, le soir nous le relûmes.

Tels des enfants, s'ils ont pris un oiseau des cieux,
S'appellent en riant, et s'étonnent, joyeux,
De sentir dans leur main la douceur de ses plumes.

Aux Feuillantines, dated 'Marine-Terrace août 1855, was written during the poet's exile in the Channel Islands and published
in *Les Contemplations*. It recalls a period of his own childhood
in Paris spent in the convent called the 'Feuillantines' in the
years 1809 and 1810, and his discovery, in the company of his
brothers Abel and Eugène, of the Bible. Hugo captures the world
of enchanted imagination, the innocent pleasure of spelling out
ancient stories. In a parallel way the language captures a con-

versational tone and rhythms, with tercets arranged in an appropriate rhyme scheme (aab-ccb). As often in Hugo, the last lines contain a surprising metaphor: here the comparison between book and bird is unexpected yet wholly effective in expressing marvel and delight.

Booz endormi

Booz s'était couché de fatigue accablé ;
Il avait tout le jour travaillé dans son aire,
Puis avait fait son lit à sa place ordinaire ;
Booz dormait auprès des boisseaux pleins de blé.

Ce vieillard possédait des champs de blés et d'orge ;
Il était, quoique riche, à la justice enclin ;
Il n'avait pas de fange en l'eau de son moulin,
Il n'avait pas d'enfer dans le feu de sa forge.

Sa barbe était d'argent comme un ruisseau d'avril.
Sa gerbe n'était point avare ni haineuse ;
Quand il voyait passer quelque pauvre glaneuse,
— Laissez tomber exprès des épis, disait-il.

Cet homme marchait pur loin des sentiers obliques,
Vêtu de probité candide et de lin blanc ;
Et, toujours du côté des pauvres ruisselant,
Ses sacs de grains semblaient des fontaines publiques.

Booz était bon maître et fidèle parent ;
Il était généreux, quoiqu'il fût économe ;
Les femmes regardaient Booz plus qu'un jeune homme,
Car le jeune homme est beau, mais le vieillard est grand.

Le vieillard, qui revient vers la source première,
Entre aux jours éternels et sort des jours changeants ;
Et l'on voit de la flamme aux yeux des jeunes gens,
Mais dans l'œil du vieillard on voit de la lumière.

*

Donc, Booz dans la nuit dormait parmi les siens ;
Près des meules, qu'on eût prises pour des décombres,
Les moissonneurs couchés faisaient des groupes sombres ;
Et ceci se passait dans des temps très anciens.

Les tribus d'Israël avaient pour chef un juge ;
La terre, où l'homme errait sous la tente, inquiet
Des empreintes de pieds de géant qu'il voyait,
Était encor mouillée et molle du déluge.

*

Comme dormait Jacob, comme dormait Judith,
Booz, les yeux fermés, gisait sous la feuillée ;
Or, la porte du ciel s'étant entre-bâillée
Au-dessus de sa tête, un songe en descendit.

Et ce songe était tel, que Booz vit un chêne
Qui, sorti de son ventre, allait jusqu'au ciel bleu ;
Une race y montait comme une longue chaîne ;
Un roi chantait en bas, en haut mourait un dieu.

Et Booz murmurait avec la voix de l'âme :
' Comment se pourrait-il que de moi ceci vînt ?
Le chiffre de mes ans a passé quatre-vingt,
Et je n'ai pas de fils, et je n'ai plus de femme.

Voilà longtemps que celle avec qui j'ai dormi,
O Seigneur ! a quitté ma couche pour la vôtre ;
Et nous sommes encor tout mêlés l'un à l'autre,
Elle à demi vivante et moi mort à demi.

Une race naîtrait de moi ! Comment le croire ?
Comment se pourrait-il que j'eusse des enfants ?
Quand on est jeune, on a des matins triomphants,
Le jour sort de la nuit comme d'une victoire ;

Mais, vieux, on tremble ainsi qu'à l'hiver le bouleau ;
Je suis veuf, je suis seul, et sur moi le soir tombe,
Et je courbe, ô mon Dieu ! mon âme vers la tombe,
Comme un bœuf ayant soif penche son front vers l'eau.'

Ainsi parlait Booz dans le rêve et l'extase,
Tournant vers Dieu ses yeux par le sommeil noyés ;
Le cèdre ne sent pas une rose à sa base,
Et lui ne sentait pas une femme à ses pieds.

*

Pendant qu'il sommeillait, Ruth, une moabite,
S'était couchée aux pieds de Booz, le sein nu,
Espérant on ne sait quel rayon inconnu,
Quand viendrait du réveil la lumière subite.

Booz ne savait point qu'une femme était là,
Et Ruth ne savait point ce que Dieu voulait d'elle.
Un frais parfum sortait des touffes d'asphodèle ;
Les souffles de la nuit flottaient sur Galgala.

L'ombre était nuptiale, auguste et solennelle ;
Les anges y volaient sans doute obscurément,
Car on voyait passer dans la nuit, par moment,
Quelque chose de bleu qui paraissait une aile.

La respiration de Booz qui dormait
Se mêlait au bruit sourd des ruisseaux sur la mousse.
On était dans le mois où la nature est douce,
Les collines ayant des lys sur leur sommet.

Ruth songeait et Booz dormait ; l'herbe était noire ;
Les grelots des troupeaux palpitaient vaguement ;
Une immense bonté tombait du firmament ;
C'était l'heure tranquille où les lions vont boire.

Tout reposait dans Ur et dans Jérimadeth ;
Les astres émaillaient le ciel profond et sombre ;
Le croissant fin et clair parmi ces fleurs de l'ombre
Brillait à l'occident, et Ruth se demandait,

Immobile, ouvrant l'œil à moitié sous ses voiles,
Quel dieu, quel moissonneur de l'éternel été
Avait, en s'en allant, négligemment jeté
Cette faucille d'or dans le champ des étoiles.

This poem, published in 1859, was conceived as part of the
Légende des siècles, Hugo's vast fresco of humanity's 'seul et
immense mouvement d'ascension vers la lumière'. His inspiration in this particular poem is the Bible, especially the Book of
Ruth, in which we find Ruth the poor relation coming with her
mother-in-law Naomi to Boaz's granary; Boaz will marry Ruth
and, from their progeny, the Messiah will be born. This poem
unfolds slowly, majestically, evoking first of all the uprightness

and generosity of Boaz. Then two stanzas underline the pastoral atmosphere, as well as the closeness of God. The following seven stanzas describe the message that God sends in a dream to Boaz: he will found a glorious line of kings. Yet Boaz doubts and questions. The concluding section suggests an ideal atmosphere redolent with tender promise. An angel's presence is felt as nature pours forth its bounty: Boaz sleeps, but Ruth is awake by his side, looking at the night sky and wondering at the sight of the moon among the stars—this golden sickle that has been cast into the harvest field of eternal summer. Thus the poem ends on a superb image which is consonant with the pastoral atmosphere of the poem, and also symbolic of the promised Saviour who must one day harvest the corn.

l. 8: *il n'y avait pas d'enfer . . .*, there was no impurity
l. 13: *sentiers obliques*, the tortuous paths of evil
l. 29: *un juge*, it was the period when the judges governed Israel
l. 40: below is David, at the top Christ crucified
l. 68: *Galgala*, Gilgal
l. 81: *Ur*, the city of the Chaldees
   Jérimadeth, no doubt an adaptation by Hugo of the biblical place-name Jerahmeel

À Théophile Gautier

Lorsqu'un vivant nous quitte, ému, je le contemple ;
Car entrer dans la mort, c'est entrer dans le temple ;
Et quand un homme meurt, je vois distinctement
Dans son ascension mon propre avènement.
Ami, je sens du sort la sombre plénitude ;
J'ai commencé la mort par de la solitude ;
Je vois mon profond soir vaguement s'étoiler ;
Voici l'heure où je vais, aussi moi, m'en aller,
Mon fil trop long frissonne et touche presque au glaive ;
Le vent qui t'emporta doucement me soulève,
Et je vais suivre ceux qui m'aimaient, moi, banni.
Leur œil fixe m'attire au fond de l'infini.
J'y cours. Ne fermez pas la porte funéraire.

Passons, car c'est la loi ; nul ne peut s'y soustraire ;
Tout penche, et ce grand siècle, avec tous ses rayons,
Entre en cette ombre immense où, pâles, nous fuyons.
Oh ! quel farouche bruit font dans le crépuscule
Les chênes qu'on abat pour le bûcher d'Hercule !
Les chevaux de la Mort se mettent à hennir

Et sont joyeux, car l'âge éclatant va finir ;
Ce siècle altier, qui sut dompter le vent contraire,
Expire... O Gautier ! toi, leur égal et leur frère,
Tu pars après Dumas, Lamartine et Musset.
L'onde antique est tarie où l'on rajeunissait.
Comme il n'est plus de Styx, il n'est plus de Jouvence.
Le dur faucheur avec sa large lame avance,
Pensif et pas à pas vers le reste du blé ;
C'est mon tour ; et la nuit emplit mon œil troublé
Qui, devinant, hélas ! l'avenir des colombes,
Pleure sur des berceaux et sourit à des tombes.

This elegy was written only a few days after the death of
Gautier, in 1872. 'Now that Gautier is dead', Hugo said at the
time, 'I am the only survivor of what people have called *the men
of 1830*.' Like most of his compositions it seems to have been
written at one sitting in an inspired burst of inspiration, but it
bears the stamp of a lifetime's practice of poetry as well as a full
maturity of thought. In the complete version there are 82 lines
made up of five verse-paragraphs. We find first of all sad and
tender words of regret; then the evocation of Gautier's career as
a poet—'Fils de la Grèce antique et de la jeune France'; and
Hugo's farewell to Gautier who must now explore truth, the absolute that death reveals—'Monte, esprit ! Grandis, plane, ouvre
tes ailes, va !' The poem ends on the two sections that are reproduced here (ll. 53-82). Hugo envisages his own death that is
so near at hand (he was seventy at the time) and his tone is
austere. He is already fascinated by the eyes of dead friends like
Gautier on the other side of the grave. The last lines have magnificent gravity as each ample alexandrine opens out on to the fate-
ful prospect of shadow, wild fear and stern harvest. Hugo's voice
is charged with tender regret, and yet reconciliation to the law of
night and death. It is a proud man dying, whose words also echo
the tragic passing of a whole glorious age of artistic endeavour.

l. 23: *Dumas*, Alexandre Dumas *père* (1803-70), the most popular novelist
of his time, author of *Les trois mousquetaires* and many other works based
on episodes of French history

Un brave ogre des bois...

Un brave ogre des bois, natif de Moscovie,
Était fort amoureux d'une fée, et l'envie
Qu'il avait d'épouser cette dame s'accrut
Au point de rendre fou ce pauvre cœur tout brut ;
L'ogre un beau jour d'hiver peigne sa peau velue,
Se présente au palais de la fée, et salue,
Et s'annonce à l'huissier comme prince Ogrousky.
La fée avait un fils, on ne sait pas de qui.
Elle était ce jour-là sortie, et quant au mioche,
Bel enfant blond nourri de crème et de brioche,
Don fait par quelque Ulysse à cette Calypso,
Il était sous la porte et jouait au cerceau.
On laissa l'ogre et lui tout seuls dans l'antichambre.
Comment passer le temps quand il neige en décembre,
Et quand on n'a personne avec qui dire un mot ?
L'ogre se mit alors à croquer le marmot.
C'est très simple. Pourtant c'est aller un peu vite,
Même lorsqu'on est ogre et qu'on est moscovite,
Que de gober ainsi les mioches du prochain.
Le bâillement d'un ogre est frère de la faim.
Quand la dame rentra, plus d'enfant. On s'informe.
La fée avise l'ogre avec sa bouche énorme.
As-tu vu, cria-t-elle, un bel enfant que j'ai ?
Le bon ogre naïf lui dit : Je l'ai mangé.

Or, c'était maladroit. Vous qui cherchez à plaire,
Jugez ce que devint l'ogre devant la mère
Furieuse qu'il eût soupé de son dauphin.
Que l'exemple nous serve ; aimez, mais soyez fin ;
Adorez votre belle, et soyez plein d'astuce ;
N'allez pas lui manger, comme cet ogre russe,
Son enfant, ou marcher sur la patte à son chien.

Nothing could be less like the author of *La Légende des siècles*
than the Hugo of these lines from *Toute la lyre*. He presents us
with a mock fable in which we find developed along very humor-

ous lines the theme of the necessity of 'good taste' in love. Our laughter springs from the disparity between the moral and its illustration, between the narrator's apparent seriousness and the grotesquely funny situation. Hugo purposely overemphasizes alliteration and assonance, allows himself the schoolboy farce of calling his ogre 'Prince Ogrousky', and makes constant and effective use of widely divergent tones that range from the mythological ('Don fait par quelque Ulysse à cette Calypso') to the racily familiar ('croquer le marmot', 'gober ainsi les mioches du prochain', 'soupé de son dauphin'). The poem of course, has no other object than to provoke our laughter; but, taken with the other examples of Hugo's art that may be seen in these pages, it gives some idea of his astonishing poetic virtuosity.

l. 11: *Calypso*, a nymph whom Ulysses met on his travels

Unité

Veux-tu te figurer le monde ?
Coupe un tronc d'arbre dans les bois.
L'aubier sur sa surface ronde
Offre cent sphères à la fois.
L'œil peut retrouver chaque orbite
Que la planète d'or habite
Dans les cercles du bois vermeil ;
La sève erre en leur zone obscure
Comme Mars, Vénus et Mercure ;
Le nœud du centre est le soleil.

Unité appeared in the posthumous collection *Tout la lyre* in 1897. Here form, tone and syntax are strikingly simple; but like the natural object Hugo describes, his brief poem evokes the immensity of the solar system. With precise detail he plays on the contrast between smallness and greatness, light and shadow, gold and vermilion; and he brings out in his last line the full suggestiveness of the word 'nœud' which is both the knot in the trunk and the hub around which the universe revolves.

Gérard de Nerval

1808-55

'I belong to the category of writers whose life is intimately connected with the works that brought them fame.' For Nerval literature does not seem to be intended primarily as a means of communication with other men but is something much more vital: it must help him first of all to discover his own true identity. This secret is hidden in the past: in memories of the childhood he spent in one of the most delightful parts of France, the Valois (*Les Filles du Feu, Aurélia*); in memories of the actress, Jenny Colon, and other fugitive figures of women which commingle with the image of his mother who died two years after his birth; and in those other 'false' memories that geography and history and the myths contain ('nous vivons dans notre race et notre race vit en nous'). His poems, with their patterns of strange interwoven memories and their desire to redeem the past, are among the most original of the nineteenth century. After periods of madness, Nerval was found one morning hanging from a lamp-post in one of the dark streets of Paris, having presumably committed suicide.

Le Relais

En voyage, on s'arrête, on descend de voiture ;
Puis entre deux maisons on passe à l'aventure,
Des chevaux, de la route et des fouets étourdi,
L'œil fatigué de voir et le corps engourdi.

Et voici tout à coup silencieuse et verte,
Une vallée humide et de lilas couverte,
Un ruisseau qui murmure entre les peupliers, —
Et la route et le bruit sont bien vite oubliés !

On se couche dans l'herbe et l'on s'écoute vivre,
De l'odeur du foin vert à loisir on s'enivre,
Et sans penser à rien on regarde les cieux...
Hélas ! une voix crie : ' En voiture, messieurs ! '

This is one of the early poems of Nerval that he grouped together under the title *Odelettes rythmiques et lyriques* (1853). How different it is from the complex gravity of *El Desdichado*.

To the slightness of the subject, Nerval lends a natural charm that breaks completely with so much of his generation's rhetoric. It is a kind of rapid sketch, a letter-poem, that is tender and unpretentious.

Fantaisie

Il est un air pour qui je donnerais
Tout Rossini, tout Mozart et tout Weber,
Un air très vieux, languissant et funèbre,
Qui pour moi seul a des charmes secrets.

Or, chaque fois que je viens à l'entendre,
De deux cents ans mon âme rajeunit :
C'est sous Louis-Treize... — Et je crois voir s'étendre
Un coteau vert que le couchant jaunit ;

Puis un château de brique à coins de pierre,
Aux vitraux teints de rougeâtres couleurs,
Ceint de grands parcs, avec une rivière
Baignant ses pieds, qui coule entre des fleurs.

Puis une dame à sa haute fenêtre,
Blonde aux yeux noirs, en ses habits anciens...
Que, dans une autre existence peut-être,
J'ai déjà vue — et dont je me souviens.

Published in 1832, *Fantaisie* was no doubt inspired by the memory of Nerval's childhood meeting with Adrienne, a girl of noble birth who lived in an old château and who one night sang a melancholy folk-song that the poet never forgot. However it is not the particular occasion of their meeting that is evoked in this poem but an imaginary scene of the seventeenth century, with a château and a park and a woman whom the poet sees and recognizes. Images and form are graceful and the poem gradually takes us from present sensation to a dream of the past that is in harmony with the melody Nerval has heard—first the green hill, then the château, then the loved one.

l. 2: *Weber*, pronounce Wèbre

Dans les bois

Au printemps, l'oiseau naît et chante :
N'avez-vous pas ouï sa voix ?...
Elle est pure, simple et touchante
La voix de l'oiseau — dans les bois !

L'été, l'oiseau cherche l'oiselle ;
Il aime, et n'aime qu'une fois !
Qu'il est doux, paisible et fidèle
Le nid de l'oiseau — dans les bois !

Puis, quand vient l'automne brumeuse,
Il se tait... avant les temps froids.
Hélas ! qu'elle doit être heureuse
La mort de l'oiseau — dans les bois !

Published in 1835, this simple and harmonious song was later
included among the *Odelettes*. Nothing could be less pretentious
than these three stanzas which evoke in turn spring, summer and
autumn—birth, love and death.

Les Cydalises

Où sont nos amoureuses ?
Elles sont au tombeau :
Elles sont plus heureuses,
Dans un séjour plus beau !

Elles sont près des anges,
Dans le fond du ciel bleu,
Et chantent les louanges
De la mère de Dieu !

O blanche fiancée !
O jeune vierge en fleur !
Amante délaissée,
Que flétrit la douleur !

L'éternité profonde
Souriait dans vos yeux...
Flambeaux éteints du monde,
Rallumez-vous aux cieux !

This is another of the *Odelettes*, and is essentially a song. In his *Petits châteaux en Bohême* the poet tells us that the words came to him 'malgré moi, sous forme de chant ; j'en avais trouvé en même temps les vers et la mélodie'. It is his tender regret for loved ones who are dead, a prayer that their smiling eyes may become stars of the night. *Cydalise*, a name adopted by several actresses and dancers of the eighteenth and nineteenth centuries, represents for Nerval the charming figures of his own past, and especially those he knew in his late twenties when he was one of the group of the 'Bohême galante'.

El Desdichado

Je suis le ténébreux, — le veuf, — l'inconsolé,
Le prince d'Aquitaine à la tour abolie :
Ma seule *étoile* est morte, — et mon luth constellé
Porte le *soleil* noir de la *Mélancolie*.

Dans la nuit du tombeau, toi qui m'as consolé,
Rends-moi le Pausilippe et la mer d'Italie.
La *fleur* qui plaisait tant à mon cœur désolé,
Et la treille où le pampre à la rose s'allie.

Suis-je Amour ou Phébus ?... Lusignan ou Biron ?
Mon front est rouge encor du baiser de la reine ;
J'ai rêvé dans la grotte où nage la sirène...

Et j'ai deux fois vainqueur traversé l'Achéron :
Modulant tour à tour sur la lyre d'Orphée
Les soupirs de la sainte et les cris de la fée.

This sonnet, published in 1853, no doubt takes its title (in Spanish, 'the disinherited one') from the disguised champion of Scott's *Ivanhoe* whose shield bore this name. Nerval, the 'I', is the disinherited knight, unconsoled, alone, in a darkness like that of the tomb, or hell. He identifies himself with unhappy figures: Pluto; the Prince of Aquitaine whose tower has fallen into ruin; Orpheus. His star of desire is dead, his lute bears the sign of radiant blackness—disaster and madness, and his heart is desolate; he has twice crossed Acheron, the river of hell (perhaps a reference to Nerval's two fits of madness), and has heard women's sighs and cries. And yet on the other hand he remembers images of luminous happiness: the woman who consoled him, Mount Pausilippus near Naples and the Italian sea where he knew joy, the kiss of the Queen, the Siren. He is perhaps the happy god Love, or Phœbus, or Lusignan who married the fairy Mélusine, or Biron the gay hero of song. Thus this self-portrait has a dual nature; it presents a figure both of joy and despair. Yet despair is not absolute, nor is pure joy attained; but, like the god of music and poetry, Nerval is able to modulate, transmute his spiritual drama into the charm of his words.

Alfred de Musset
1810-57

Musset's popularity as a poet has waned since the nineteenth century. Today, it is his plays that are most appreciated, whether it be the delicate treatment of love in *Fantasio* (1834) or *On ne badine pas avec l'amour* (1834), or else the drama of *Lorenzaccio* (1834), a Hamlet-like figure torn between his sense of utter hopelessness and the desire to carry out a decisive act of protest against tyranny. But Musset attained fame first of all for his precocious verse: at twenty, under the influence of the current Orientalism and his reading of Byron, he published his *Contes d'Espagne et d'Italie*, which was followed by a whole series of other collections. We are frequently conscious of an excessive facility in his writing which makes us wish he had not produced so much and so indiscriminately—everything could be said in verse, he thought, and it usually was; but we also find in him an admirable sense of fantasy and a tone that renders, often movingly, the Romantic *mal du siècle*.

Chanson

J'ai dit à mon cœur, à mon faible cœur :
N'est-ce pas assez d'aimer sa maîtresse ?
Et ne vois-tu pas que changer sans cesse,
C'est perdre en désirs le temps du bonheur ?

Il m'a répondu : Ce n'est point assez,
Ce n'est point assez d'aimer sa maîtresse ;

Et ne vois-tu pas que changer sans cesse
Nous rend doux et chers les plaisirs passés ?

J'ai dit à mon cœur, à mon faible cœur :
N'est-ce point assez de tant de tristesse ?
Et ne vois-tu pas que changer sans cesse,
C'est à chaque pas trouver la douleur ?

Il m'a répondu : Ce n'est point assez,
Ce n'est point assez de tant de tristesse ;
Et ne vois-tu pas que changer sans cesse
Nous rend doux et chers les chagrins passés ?

Composed in 1831, *Chanson* was included in *Poésies diverses*
(1840). The poet says he will give up love which has brought him
only sadness and suffering; but in spite of everything his heart
knows the pleasure of recalling pains and joys that are now dead.
The theme, the refrain ('Et ne vois-tu pas que changer sans
cesse...'), the repetitions, and the decasyllabic metre, give *Chanson*
a poignant and pervasive charm. One can feel the close bond
uniting this aspect of Musset's work with that of Paul Verlaine.

Chanson de Fortunio

Si vous croyez que je vais dire
    Qui j'ose aimer,
Je ne saurais, pour un empire,
    Vous la nommer.

Nous allons chanter à la ronde,
    Si vous voulez,
Que je l'adore et qu'elle est blonde
    Comme les blés.

Je fais ce que sa fantaisie
    Veut m'ordonner,
Et je puis, s'il lui faut ma vie,
    La lui donner.

Du mal qu'une amour ignorée
    Nous fait souffrir,
J'en porte l'âme déchirée
    Jusqu'à mourir.

Mais j'aime trop pour que je die
Qui j'ose aimer,
Et je veux mourir pour ma mie
Sans la nommer.

This song originally appeared in the play *Le Chandelier* (1835) and was later included in the author's *Poésies nouvelles*. The tone is fanciful, although the second half of the song emphasizes the more particularly romantic aspect of love which brings with it suffering and death. The light swaying movement (8,4,8,4) has an ironic effect, playing with, deflating the seriousness of the words.

Derniers vers

L'heure de ma mort, depuis dix-huit mois,
De tous les côtés sonne à mes oreilles.
Depuis dix-huit mois d'ennuis et de veilles,
Partout je la sens, partout je la vois.

Plus je me débats contre ma misère,
Plus s'éveille en moi l'instinct du malheur ;
Et, dès que je veux faire un pas sur terre,
Je sens tout à coup s'arrêter mon cœur.

Ma force à lutter s'use et se prodigue.
Jusqu'à mon repos, tout est un combat ;
Et, comme un coursier brisé de fatigue,
Mon courage éteint chancelle et s'abat.

These lines, dated 1857, the year of the poet's death, were collected among Musset's posthumous works. The poem has about it a note of gravity that is rare in his poetry, a moving sincerity that is underlined by the insistent repetitions, and the effective rhyming of st. 2 and 3. And yet, despite the subject and tone, this is indeed Musset speaking: the line he has chosen is the decasyllable which keeps an edge of lightness and variety that enables us to recognize his characteristic 'voice'.

Théophile Gautier

1811-72

Gautier was born at Tarbes in the Pyrenees but went to Paris at an early age, where he completed his studies. After a short period as a painter he turned to journalism and became well-known for his criticism of contemporary drama and art. He early allied himself with the young Romantics against the older schools of literature, and wore his famous pink waistcoat and sea-green trousers to prove it. Yet the poetry he wrote has little or nothing in common with that of Lamartine, or the Hugo of the *Odes et ballades*, or his friend Nerval. His was essentially a plastic gift which carefully avoided the self-confessions of his peers. Like his diaries of travel in Spain, Italy, Turkey, Greece and Russia, his poems are word-paintings. 'Toute ma valeur, c'est que je suis un homme pour qui le monde extérieur existe.' Add to this his emphasis on poetic craftsmanship ('poète impeccable', as Baudelaire called him) and you have the basic elements of an ornamental art, which is without levity just as it is without unexpected depths.

Premier sourire du printemps

Tandis qu'à leurs œuvres perverses
Les hommes courent haletants,
Mars qui rit, malgré les averses,
Prépare en secret le printemps.

Pour les petites pâquerettes,
Sournoisement lorsque tout dort,
Il repasse des collerettes
Et cisèle des boutons d'or.

Dans le verger et dans la vigne,
Il s'en va, furtif perruquier,
Avec une houppe de cygne,
Poudrer à frimas l'amandier.

La nature au lit se repose ;
Lui, descend au jardin désert
Et lace les boutons de rose
Dans leur corset de velours vert.

Tout en composant des solfèges
Qu'aux merles il siffle à mi-voix,
Il sème aux prés les perce-neiges
Et les violettes aux bois.

Sur le cresson de la fontaine
Où le cerf boit, l'oreille au guet,
De sa main cachée il égrène
Les grelots d'argent du muguet.

Sous l'herbe, pour que tu la cueilles,
Il met la fraise au teint vermeil,
Et te tresse un chapeau de feuilles
Pour te garantir du soleil.

Puis, lorsque sa besogne est faite,
Et que son règne va finir,
Au seuil d'avril tournant la tête,
Il dit : Printemps, tu peux venir !

Published in 1851, this poem is built up of bright concrete
detail, smiling images: the almond blossom is hoar-frost that an
elusive wig-maker has dusted on the tree like powder on a wig;
the rosebuds are ladies that have been laced in green velvet
corselets; and the month of March has invented exercises to teach
the blackbirds how to sing.

Chinoiserie

Ce n'est pas vous, non, madame, que j'aime,
Ni vous non plus, Juliette, ni vous,
Ophélia, ni Béatrix, ni même
Laure la blonde, avec ses grands yeux doux.

Celle que j'aime, à présent, est en Chine ;
Elle demeure avec ses vieux parents,
Dans une tour de porcelaine fine,
Au fleuve Jaune, où sont les cormorans.

Elle a des yeux retroussés vers les tempes,
Un pied petit à tenir dans la main,
Le teint plus clair que le cuivre des lampes,
Les ongles longs et rougis de carmin.

Par son treillis elle passe sa têtè,
Que l'hirondelle, en volant, vient toucher,
Et, chaque soir, aussi bien qu'un poète,
Chante le saule et la fleur du pêcher.

Published in 1835, this is one of the most successful of Gautier's
early poems. It begins in the tone of a bantering madrigal ('Ce
n'est pas vous, non, madame, que j'aime'), and then proceeds to
evoke in graceful manner an imaginary world ('une tour de porcelaine fine') and an imaginary Chinese mistress. Gautier, we
remember, was often inspired by images of China, an important poetic detail that Mallarmé later adopted from him and
developed.

Fumée

Là-bas, sous les arbres s'abrite
Une chaumière au dos bossu ;
Le toit penche, le mur s'effrite,
Le seuil de la porte est moussu.

La fenêtre, un volet la bouche ;
Mais du taudis, comme au temps froid
La tiède haleine d'une bouche,
La respiration se voit.

Un tire-bouchon de fumée,
Tournant son mince filet bleu,
De l'âme en ce bouge enfermée
Porte des nouvelles à Dieu.

This poem (originally *Fumée dans les arbres*) shows us Gautier's
plastic gift, his talent for song, his careful use of the octosyllable.
In a few firm strokes he describes a lonely and dilapidated cottage
in winter, huddling beneath the trees; and this cottage seems to
be alive, to breathe, for smoke is corkscrewing up into the air:
a message, thinks the poet, from the soul in the cottage to God.

La Source

Tout près du lac filtre une source,
Entre deux pierres, dans un coin :
Allègrement l'eau prend sa course
Comme pour s'en aller bien loin.

Elle murmure : Oh ! quelle joie !
Sous la terre il faisait si noir !
Maintenant ma rive verdoie,
Le ciel se mire à mon miroir.

Les myosotis aux fleurs bleues
Me disent : Ne m'oubliez pas !
Les libellules de leurs queues
M'égratignent dans leurs ébats ;

A ma coupe l'oiseau s'abreuve ;
Qui sait ? — Après quelques détours
Peut-être deviendrai-je un fleuve
Baignant vallons, rochers et tours.

Je broderai de mon écume
Ponts de pierre, quais de granit,
Emportant le steamer qui fume
A l'Océan où tout finit.

Ainsi la jeune source jase,
Formant cent projets d'avenir ;
Comme l'eau qui bout dans un vase,
Son flot ne peut se contenir ;

Mais le berceau touche à la tombe ;
Le géant futur meurt petit ;
Née à peine, la source tombe
Dans le grand lac qui l'engloutit !

This poem was composed in 1858 at the Lac de Neuchâtel. We find once again Gautier's characteristic form, the octosyllabic quatrain; as usual too, the subject is unpretentious but pleasantly expressed: the spring that bubbles forth from between two stones, joyful, ambitious, will be absorbed almost as soon as it is born by the lake into which it flows.

Noël

Le ciel est noir, la terre est blanche ;
— Cloches, carillonnez gaîment ! —
Jésus est né ; — la Vierge penche
Sur lui son visage charmant.

Pas de courtines festonnées
Pour préserver l'enfant du froid ;
Rien que les toiles d'araignées
Qui pendent des poutres du toit.

Il tremble sur la paille fraîche,
Ce cher petit enfant Jésus,
Et pour l'échauffer dans sa crèche
L'âne et le bœuf soufflent dessus.

La neige au chaume coud ses franges,
Mais sur le toit s'ouvre le ciel
Et, tout en blanc, le chœur des anges
Chante aux bergers : Noël ! Noël !

Originally entitled *Le Jésus des neiges: Noël,* this poem was published in 1861 and soon became very popular. It has the freshness, the simple directness of detail of a carol and, naturally enough, has been set to music.

L'Hippopotame

L'hippopotame au large ventre
Habite aux jungles de Java,
Où grondent, au fond de chaque antre,
Plus de monstres qu'on n'en rêva.

Le boa se déroule et siffle,
Le tigre fait son hurlement,
Le buffle en colère renifle,
Lui dort ou paît tranquillement.

Il ne craint ni kriss ni zagaies,
Il regarde l'homme sans fuir,
Et rit des balles des cipayes
Qui rebondissent sur son cuir.

Je suis comme l'hippopotame :
De ma conviction couvert,
Forte armure que rien n'entame,
Je vais sans peur par le désert.

Written in Gautier's usual octosyllabic quatrains, *L'Hippo-potame* shows the poet enjoying a verbal game. The very length of the title and its unpoetic nature are a kind of challenge that is taken up by Gautier with a laugh. The rhymes are humorous, the description mock-heroic; and in the last stanza the analogy with the poet himself is drawn in quaint and amusing fantasy.

l. 2: *Java*, Gautier, of course, knew that the native habitat of the hippopotamus is Africa, but he wanted a whimsical rhyme

Leconte de Lisle
1818-94

The formative years of Leconte de Lisle were spent partly in Brittany and partly on the tropical island of La Réunion in the Indian Ocean where he was born ('cette ardente, féconde et magnifique nature qui ne s'oublie jamais... un pays merveilleusement beau et à moitié sauvage'). He attended lectures in law and arts at the University of Rennes but at the age of twenty-seven he went to Paris, having decided to be a poet. The material for his work was ancient and exotic scenes which served as a mask for the expression of his personal philosophy. His art is luxuriant with vivid images but, although he is often read for them alone, description is not the poet's sole aim. Each scene he composes finds its place in an epic vision of the life-force in men and beasts which, his pessimism tells him, is an illusion that will ultimately resolve itself into the absolute reality of death ('rien n'est vrai que l'unique et morne éternité'). Leconte de Lisle's poetry had an important influence on his contemporaries, especially the young school of Parnassian writers which came together in the 1860's; this was, however, less for its philosophy, and more for its impersonal tone, its brilliant colour, its contained savagery.

Midi

Midi, roi des étés épandu sur la plaine,
Tombe en nappes d'argent des hauteurs du ciel bleu.
Tout se tait. L'air flamboie et brûle sans haleine ;
La terre est assoupie en sa robe de feu.

L'étendue est immense et les champs n'ont point d'ombre,
Et la source est tarie où buvaient les troupeaux ;
La lointaine forêt, dont la lisière est sombre,
Dort là-bas, immobile, en un pesant repos.

Seuls, les grands blés mûris, tels qu'une mer dorée,
Se déroulent au loin, dédaigneux du sommeil ;
Pacifiques enfants de la terre sacrée,
Ils épuisent sans peur la coupe du soleil.

Parfois, comme un soupir de leur âme brûlante,
Du sein des épis lourds qui murmurent entre eux,
Une ondulation majestueuse et lente
S'éveille, et va mourir à l'horizon poudreux.

Non loin, quelques bœufs blancs, couchés parmi les herbes,
Bavent avec lenteur sur leurs fanons épais,
Et suivent de leurs yeux languissants et superbes
Le songe intérieur qu'ils n'achèvent jamais.

Homme, si, le cœur plein de joie ou d'amertume,
Tu passais vers midi dans les champs radieux,
Fuis ! La nature est vide et le soleil consume :
Rien n'est vivant ici, rien n'est triste ou joyeux.

Mais si, désabusé des larmes et du rire,
Altéré de l'oubli de ce monde agité,
Tu veux, ne sachant plus pardonner ou maudire,
Goûter une suprême et morne volupté,

Viens ! Le soleil te parle en paroles sublimes ;
Dans sa flamme implacable absorbe-toi sans fin ;
Et retourne à pas lents vers les cités infimes,
Le cœur trempé sept fois dans le néant divin.

This was included among the thirty-one pieces of the *Poèmes antiques* (1852). It expresses the sensuous luminosity that is characteristic of Leconte de Lisle's work, a radiance which absorbs forms rather than reveals them; light is for him synonymous with drowsy sleep. On a philosophical plane it also represents the truth of the eternal nothingness, or death (*le néant divin*), that lies behind all the vain activities of life. Although this poetry is pessimistic in outlook and deliberately avoids human subjects, the technique is consummate and has no self-indulgency of phrase or rhyme. As Leconte de Lisle himself wrote, 'ne rien laisser au hasard, se posséder soi-même dans la mesure de ses forces. C'est à ce prix qu'on sauvegarde la dignité de l'art et la sienne propre.'

Les Éléphants

Le sable rouge est comme une mer sans limite,
Et qui flambe, muette, affaissée en son lit.
Une ondulation immobile remplit
L'horizon aux vapeurs de cuivre où l'homme habite.

Nulle vie et nul bruit. Tous les lions repus
Dorment au fond de l'antre éloigné de cent lieues,
Et la girafe boit dans les fontaines bleues,
Là-bas, sous les dattiers des panthères connus.

Pas un oiseau ne passe en fouettant de son aile
L'air épais, où circule un immense soleil.
Parfois quelque boa, chauffé dans son sommeil,
Fait onduler son dos dont l'écaille étincelle.

Tel l'espace enflammé brûle sous les cieux clairs.
Mais, tandis que tout dort aux mornes solitudes,
Les éléphants rugueux, voyageurs lents et rudes,
Vont au pays natal à travers les déserts.

D'un point de l'horizon, comme des masses brunes,
Ils viennent, soulevant la poussière, et l'on voit,
Pour ne point dévier du chemin le plus droit,
Sous leur pied large et sûr crouler au loin les dunes.

Celui qui tient la tête est un vieux chef. Son corps
Est gercé comme un tronc que le temps ronge et mine ;
Sa tête est comme un roc, et l'arc de son échine
Se voûte puissamment à ses moindres efforts.

Sans ralentir jamais et sans hâter sa marche,
Il guide au but certain ses compagnons poudreux ;
Et, creusant par derrière un sillon sablonneux,
Les pèlerins massifs suivent leur patriarche.

L'oreille en éventail, la trompe entre les dents,
Ils cheminent, l'œil clos. Leur ventre bat et fume,
Et leur sueur dans l'air embrasé monte en brume ;
Et bourdonnent autour mille insectes ardents.

Mais qu'importent la soif et la mouche vorace,
Et le soleil cuisant leur dos noir et plissé ?
Ils rêvent en marchant du pays délaissé,
Des forêts de figuiers où s'abrita leur race.

Ils reverront le fleuve échappé des grands monts,
Où nage en mugissant l'hippopotame énorme,
Où, blanchis par la lune et projetant leur forme,
Ils descendaient pour boire en écrasant les joncs.

Aussi, pleins de courage et de lenteur, ils passent
Comme une ligne noire, au sable illimité ;
Et le désert reprend son immobilité
Quand les lourds voyageurs à l'horizon s'effacent.

Published in the *Poèmes barbares* (1862), *Les Éléphants* describes the exotic world of animal instinct to which Leconte de Lisle was constantly attracted. The poet evokes with sure art a bare atmosphere brilliant with light (st. 1-3). Into this space a herd of elephants solemnly advances (st. 4-8); but despite their concrete presence they are dreaming of somewhere else, the land they have left and now seek again. Their life is a dream and, passing across the desert, they disappear into nothingness, the ocean of light (st. 9-11).

Le Sommeil du condor

Par delà l'escalier des roides Cordillères,
Par delà les brouillards hantés des aigles noirs,
Plus haut que les sommets creusés en entonnoirs
Où bout le flux sanglant des laves familières,
L'envergure pendante et rouge par endroits,

Le vaste Oiseau, tout plein d'une morne indolence,
Regarde l'Amérique et l'espace en silence,
Et le sombre soleil qui meurt dans ses yeux froids.
La nuit roule de l'Est, où les pampas sauvages
Sous les monts étagés s'élargissent sans fin ;
Elle endort le Chili, les villes, les rivages,
Et la mer Pacifique et l'horizon divin ;
Du continent muet elle s'est emparée :
Des sables aux coteaux, des gorges aux versants,
De cime en cime, elle enfle, en tourbillons croissants;
Le lourd débordement de sa haute marée.
Lui, comme un spectre, seul, au front du pic altier,
Baigné d'une lueur qui saigne sur la neige,
Il attend cette mer sinistre qui l'assiège :
Elle arrive, déferle, et le couvre en entier.
Dans l'abîme sans fond la Croix australe allume
Sur les côtes du ciel son phare constellé.
Il râle de plaisir, il agite sa plume,
Il érige son cou musculeux et pelé,
Il s'enlève en fouettant l'âpre neige des Andes,
Dans un cri rauque il monte où n'atteint pas le vent,
Et, loin du globe noir, loin de l'astre vivant,
Il dort dans l'air glacé, les ailes toutes grandes.

This poem, published in 1857, describes the large American vulture, the condor, which has a wing-span of up to three yards and is reputed to fly higher than any other bird. Vast height is suggested in the opening lines as the condor is pictured on some crag high above the blood-red lava of volcanoes; the sun is setting and reddening the bird's wings (ll.1-8). Below him night is rising like an immense tide that inundates everything (ll. 9-16). The dark sea at last reaches the point where the condor is; the stars are seen; and with savage delight the condor greets the blackness, then rises asleep on the wing high above the earth into the icy sky. The breadth of vision, the brutality of the subject, the dramatic images are combined by Leconte de Lisle with particularly effective use of varied rhythms.

Charles Baudelaire

1821-67

Baudelaire's 'sentiment de *solitude, dès mon enfance*' seems to have been due in large measure to the sudden remarriage of a dearly loved mother with a man whom he intensely disliked. After brilliant studies in Lyons and Paris he decided at the age of seventeen that he would be a poet; three years later, however, his parents, worried at the excesses of his Bohemian life, sent him as a ship's apprentice on a boat bound for Calcutta. He did not go farther than Mauritius and left again soon after for France, but he was deeply influenced by what he had seen of the island's exotic charm. On his return the irregular life in Paris began again and this time his parents were powerless to restrain him. His first notable publications were in the field of art criticism which brought him some recognition. He continued to compose his wonderful poems, which were finally collected and published in 1857 under the title *Les Fleurs du mal*. In this extraordinary volume the tone varies from one of Satanic revolt to a solemn all-embracing musicality that evokes an ideal past ('Charme profond, magique dont nous grise / Dans le présent le passé retrouvé'). But though *Les Fleurs du mal* is one of the masterpieces of French literature, Baudelaire's life to the end was solitary and miserable and he died at the early age of forty-six.

Recueillement

Sois sage, ô ma Douleur, et tiens-toi plus tranquille.
Tu réclamais le Soir ; il descend ; le voici :
Une atmosphère obscure enveloppe la ville,
Aux uns portant la paix, aux autres le souci.

Pendant que des mortels la multitude vile,
Sous le fouet du Plaisir, ce bourreau sans merci,
Va cueillir des remords dans la fête servile,
Ma Douleur, donne-moi la main ; viens par ici,

Loin d'eux. Vois se pencher les défuntes Années,
Sur les balcons du ciel, en robes surannées ;
Surgir du fond des eaux le Regret souriant ;

Le Soleil moribond s'endormir sous une arche,
Et, comme un long linceul traînant à l'Orient,
Entends, ma chère, entends la douce Nuit qui marche.

This sonnet, published for the first time in November 1861, presents us with a poetic meditation, the nocturnal musing of the heart and soul. Slavish surrender to pleasure and tragic agitation are evoked in the second quatrain; but, after the promise of the opening, comes the full calm of the tercets, and all things in the poet's soul and all things in nature are found to be in strange correspondence, and bathe in a single atmosphere of solemn accord.

L'Invitation au voyage

Mon enfant, ma sœur,
Songe à la douceur
D'aller là-bas vivre ensemble !
Aimer à loisir,
Aimer et mourir
Au pays qui te ressemble !
Les soleils mouillés
De ces ciels brouillés
Pour mon esprit ont les charmes
Si mystérieux
De tes traîtres yeux,
Brillant à travers leurs larmes.

Là, tout n'est qu'ordre et beauté,
Luxe, calme et volupté.

Des meubles luisants,
Polis par les ans,
Décoreraient notre chambre ;
Les plus rares fleurs
Mêlant leurs odeurs
Aux vagues senteurs de l'ambre,
Les riches plafonds,
Les miroirs profonds,
La splendeur orientale,
Tout y parlerait
A l'âme en secret
Sa douce langue natale.

Là, tout n'est qu'ordre et beauté,
Luxe, calme et volupté.

Vois sur ces canaux
30 Dormir ces vaisseaux
Dont l'humeur est vagabonde ;
C'est pour assouvir
Ton moindre désir
Qu'ils viennent du bout du monde.
35   — Les soleils couchants
Revêtent les champs,
Les canaux, la ville entière,
D'hyacinthe et d'or ;
Le monde s'endort
40 Dans une chaude lumière.

Là, tout n'est qu'ordre et beauté,
42 Luxe, calme et volupté.

Published in 1855, *L'Invitation au voyage* is the only example
in the *Fleurs du mal* of this particular form with its mixed penta-
syllables and heptasyllables: it evokes for us admirably the movement of a lullaby; perhaps it also suggests the gentle rocking of
the boat of adventure, and the refrain the fascination of that
ideal land of which Baudelaire dreams. A landscape of sunshine
and cloud, an intimate yet exotic interior, finally, a drowsy sleep
engulfing a port and countryside: all this the poet promises and,
in a sense, already sees in the beauty of his companion.

Correspondances

La Nature est un temple où de vivants piliers
Laissent parfois sortir de confuses paroles ;
L'homme y passe à travers des forêts de symboles
Qui l'observent avec des regards familiers.

Comme de longs échos qui de loin se confondent
Dans une ténébreuse et profonde unité,
Vaste comme la nuit et comme la clarté,
Les parfums, les couleurs et les sons se répondent.

Il est des parfums frais comme des chairs d'enfants,
Doux comme les hautbois, verts comme les prairies,
— Et d'autres, corrompus, riches et triomphants,

Ayant l'expansion des choses infinies,
Comme l'ambre, le musc, le benjoin et l'encens,
Qui chantent les transports de l'esprit et des sens.

An early poem of Baudelaire probably written in 1845 or 1846, this is not so much a group of ideas, a manifesto, as a poetic affirmation of harmony and universal consonance. The tone has an oracular solemnity, and the tense expression grows increasingly sensuous before reaching a final ecstasy, provoked characteristically in Baudelaire by impressions of smell.

L'Albatros

Souvent, pour s'amuser, les hommes d'équipage
Prennent des albatros, vastes oiseaux des mers,
Qui suivent, indolents compagnons de voyage,
Le navire glissant sur les gouffres amers.

À peine les ont-ils déposés sur les planches,
Que ces rois de l'azur, maladroits et honteux,
Laissent piteusement leurs grandes ailes blanches
Comme des avirons traîner à côté d'eux.

Ce voyageur ailé, comme il est gauche et veule !
Lui, naguère si beau, qu'il est comique et laid !
L'un agace son bec avec un brûle-gueule,
L'autre mime, en boitant, l'infirme qui volait !

Le Poète est semblable au prince des nuées
Qui hante la tempête et se rit de l'archer ;
Exilé sur le sol au milieu des huées,
Ses ailes de géant l'empêchent de marcher.

It seems that Baudelaire wrote this poem during his trip to Mauritius (1841-2), or soon after. It is an allegory of the Poet's solitude and ungainliness in a world that does not attempt to understand him, but only scoffs. At this stage of his development Baudelaire had not reached complete maturity of style. The poem is, however, remarkable for its strength of outline and dramatic emphasis; it is also a typical expression of Baudelaire the man, and of his attitude in the face of adversity.

Hymne

À la très-chère, à la très-belle
Qui remplit mon cœur de clarté,
À l'ange, à l'idole immortelle,
Salut en l'immortalité !

Elle se répand dans ma vie
Comme un air imprégné de sel,
Et dans mon âme inassouvie
Verse le goût de l'éternel.

Sachet toujours frais qui parfume
L'atmosphère d'un cher réduit,
Encensoir oublié qui fume
En secret à travers la nuit,

Comment, amour incorruptible,
T'exprimer avec vérité ?
Grain de musc qui gis, invisible,
Au fond de mon éternité !

À la très-bonne, à la très-belle
Qui fait ma joie et ma santé,
À l'ange, à l'idole immortelle,
Salut en l'immortalité !

This poem was composed for Mme Sabatier who, Baudelaire wrote, evoked in him a 'rêverie excitante et purifiante' and 'ardeurs presque religieuses'. This excitement and almost mystical fervour is felt in *Hymne*. Its octosyllabic quatrains are close to the flavour and concision of medieval Latin songs of praise, especially in the salutations that open and conclude the poem; however the olfactory images of st. 2, 3 and 4 are strikingly original and convey the surrender to sensuousness; and the musicality of the whole, with the clear vowels of each rhyme, is brilliantly suggestive of an ideal atmosphere.

La Beauté

Je suis belle, ô mortels ! comme un rêve de pierre,
Et mon sein, où chacun s'est meurtri tour à tour,
Est fait pour inspirer au poète un amour
Éternel et muet ainsi que la matière.

Je trône dans l'azur comme un sphinx incompris ;
J'unis un cœur de neige à la blancheur des cygnes ;
Je hais le mouvement qui déplace les lignes,
Et jamais je ne pleure et jamais je ne ris.

Les poètes, devant mes grandes attitudes,
Que j'ai l'air d'emprunter aux plus fiers monuments,
Consumeront leurs jours en d'austères études ;

Car j'ai, pour fasciner ces dociles amants,
De purs miroirs qui font toutes choses plus belles :
Mes yeux, mes larges yeux aux clartés éternelles !

Like *L'Albatros*, *La Beauté* was probably written at an early age. An irregular sonnet based on seven rhymes instead of the classical five, it expresses a pure and unattainable ideal that taunts the poet. Baudelaire may well have been inspired by a Greek statue that he had seen; in any case the Beauty he dreams of in the form of a woman is for him coldly attractive like marble, imperious and indecipherable like a sphinx, abhorrent of all movement and emotion; and her eyes are mirrors where he finds the reflected fascination of his own desire.

La Musique

La musique souvent me prend comme une mer !
　　　　Vers ma pâle étoile,
Sous un plafond de brume ou dans un vaste éther,
　　　　Je mets à la voile ;

La poitrine en avant et les poumons gonflés
　　　　Comme de la toile,
J'escalade le dos des flots amoncelés
　　　　Que la nuit me voile ;

Je sens vibrer en moi toutes les passions
    D'un vaisseau qui souffre ;
Le bon vent, la tempête et ses convulsions

    Sur l'immense gouffre
Me bercent. D'autres fois, calme plat, grand miroir
    De mon désespoir !

This poem seems to have been originally entitled *Beethoven*
and may well have been inspired by the work of this composer
whom Baudelaire greatly admired. The form is original: it is an
irregular sonnet made up of alternate alexandrines and penta-
syllables which convey wonderfully the rise and fall of emotion
like the surges of music, or the breathing of the poet. The simile
on which the whole poem is based is simple: music is like a sea
that carries away the listener. He becomes a boat guided by some
far-off star, a boat whose sails are filled with wind, travelling
across waves shrouded in darkness. Within him passion and suffering stir as in a ship groaning at sea; but, at the same time, he
is lulled by the elements. Sometimes however music is becalmed
and the poet finds in it his own despair, like a ship reflected in
still water.

Chant d'automne

I

Bientôt nous plongerons dans les froides ténèbres ;
Adieu, vive clarté de nos étés trop courts !
J'entends déjà tomber avec des chocs funèbres
Le bois retentissant sur le pavé des cours.

Tout l'hiver va rentrer dans mon être : colère,
Haine, frissons, horreur, labeur dur et forcé,
Et, comme le soleil dans son enfer polaire,
Mon cœur ne sera plus qu'un bloc rouge et glacé.

J'écoute en frémissant chaque bûche qui tombe ;
L'échafaud qu'on bâtit n'a pas d'écho plus sourd.
Mon esprit est pareil à la tour qui succombe
Sous les coups du bélier infatigable et lourd.

Il me semble, bercé par ce choc monotone,
Qu'on cloue en grande hâte un cercueil quelque part.
Pour qui ? — C'était hier l'été ; voici l'automne !
Ce bruit mystérieux sonne comme un départ.

II

J'aime de vos longs yeux la lumière verdâtre,
Douce beauté, mais tout aujourd'hui m'est amer,
Et rien, ni votre amour, ni le boudoir, ni l'âtre,
Ne me vaut le soleil rayonnant sur la mer.

Et pourtant aimez-moi, tendre cœur ! soyez mère,
Même pour un ingrat, même pour un méchant ;
Amante ou sœur, soyez la douceur éphémère
D'un glorieux automne ou d'un soleil couchant.

Courte tâche ! La tombe attend ; elle est avide !
Ah ! laissez-moi, mon front posé sur vos genoux,
Goûter, en regrettant l'été blanc et torride,
De l'arrière-saison le rayon jaune et doux !

Published in 1859, and perhaps the most beautiful poem of Baudelaire, *Chant d'automne* is the expression of the poet's heavy sadness and regret as passing time brings to mind the imminence of death. The first section evokes the coming of winter and the return of the wintry season of the soul; the familiar noises of Paris penetrating into the poet's apartment seem like the knock of death, or a scaffolding being erected, or a proud tower falling beneath a battering-ram, or his own coffin being made ready. After the numbing brutality of these thoughts ('bercé par ce choc monotone'), the poet addresses the woman at his side: she cannot reconcile him to death, but she can bring him comfort ('douce beauté', 'douceur') and allow him to enjoy the tender melancholy of autumn, the last days of warmth.

Les Chats

Les amoureux fervents et les savants austères
Aiment également, dans leur mûre saison,
Les chats puissants et doux, orgueil de la maison,
Qui comme eux sont frileux et comme eux sédentaires.

Amis de la science et de la volupté
Ils cherchent le silence et l'horreur des ténèbres ;
L'Érèbe les eût pris pour ses coursiers funèbres,
S'ils pouvaient au servage incliner leur fierté.

Ils prennent en songeant les nobles attitudes
Des grands sphinx allongés au fond des solitudes,
Qui semblent s'endormir dans un rêve sans fin ;

Leurs reins féconds sont pleins d'étincelles magiques,
Et des parcelles d'or, ainsi qu'un sable fin,
Étoilent vaguement leurs prunelles mystiques.

Published for the first time in 1847, this early sonnet is one of
three poems Baudelaire devoted to cats. It is plain however that he
treats his theme in something more than a realistic manner as it
becomes the focus of apparent opposites: love and science, fervour
and austerity, gentleness and strength, fertility and sphinx-like
solitude. The poet thus composes the pregnant symbol of cerebral
sensuousness that represents an ideal—the intensity of a series of
dissonances that have been paradoxically conjoined.

l. 7: *L'Érèbe*, the mythical name of a place of darkness between Earth and
Hades

Le Balcon

Mère des souvenirs, maîtresse des maîtresses,
O toi, tous mes plaisirs ! ô toi, tous mes devoirs !
Tu te rappelleras la beauté des caresses,
La douceur du foyer et le charme des soirs,
Mère des souvenirs, maîtresse des maîtresses !

Les soirs illuminés par l'ardeur du charbon,
Et les soirs au balcon, voilés de vapeurs roses.
Que ton sein m'était doux ! que ton cœur m'était bon !
Nous avons dit souvent d'impérissables choses
Les soirs illuminés par l'ardeur du charbon.

Que les soleils sont beaux dans les chaudes soirées !
Que l'espace est profond ! que le cœur est puissant !

En me penchant vers toi, reine des adorées,
Je croyais respirer le parfum de ton sang.
Que les soleils sont beaux dans les chaudes soirées ;

La nuit s'épaississait ainsi qu'une cloison,
Et mes yeux dans le noir devinaient tes prunelles,
Et je buvais ton souffle, ô douceur ! ô poison !
Et tes pieds s'endormaient dans mes mains fraternelles.
La nuit s'épaississait ainsi qu'une cloison.

Je sais l'art d'évoquer les minutes heureuses,
Et revis mon passé blotti dans tes genoux.
Car à quoi bon chercher tes beautés langoureuses
Ailleurs qu'en ton cher corps et qu'en ton cœur si doux ?
Je sais l'art d'évoquer les minutes heureuses !

Ces serments, ces parfums, ces baisers infinis,
Renaîtront-ils d'un gouffre interdit à nos sondes,
Comme montent au ciel les soleils rajeunis
Après s'être lavés au fond des mers profondes ?
— O serments ! ô parfums ! ô baisers infinis !

Imbued with tender sound and a cradling rhythm, *Le Balcon* is Baudelaire's hymn of praise addressed to a beloved woman who has become his spiritual intercessor, since she enables him to triumph over time. She is beside him on his balcony of meditation, but he thinks rather of the past and the future: the beauty of past love as recalled in the present, the beauty of the present as the future will see it. Time passes, and yet he knows that, by the magic of remembrance, the most fleeting words can be undying ('Nous avons dit souvent d'impérissables choses'). His poem is warmly sensuous in its imagery, reminding us of the inexorable passing of time—evening, fireside, sunset, night, and the promise of a new-born day; but it also suggests that vows, perfumes, kisses will finally be purified ('lavés') and, from memory, emerge immortal.

José-Maria de Heredia

1842-1905

Like Leconte de Lisle, whose disciple he became, Heredia was born far from France, in Cuba, but lived in France from the age of eight. He became interested in archaeology, and decided to pursue his studies at the École des Chartes; we soon find him, however, joining the Parnassians, frequenting Leconte de Lisle, and publishing his early verse in the *Parnasse contemporain*. Heredia did not attempt to write long poetic meditations like those of his master, concentrating instead on the short and difficult form of the sonnet whose strict rules he observed and brought to flawless accomplishment. His archaeological training provided him with the material of rich static scenes of Greece and Sicily, Rome, the Middle Ages and the Renaissance, and the Orient. Out of this, he created his single collection, *Les Trophées* (1893), one hundred and eighteen sonnets admirable for their balanced immobility, the muscular appeal of their rhythms, and a decorative talent which constantly evokes the grandiose and legendary.

Soir de bataille

Le choc avait été très rude. Les tribuns
Et les centurions, ralliant les cohortes,
Humaient encor dans l'air, où vibraient leurs voix fortes,
La chaleur du carnage et ses âcres parfums.

D'un œil morne, comptant leurs compagnons défunts,
Les soldats regardaient, comme des feuilles mortes,
Au loin tourbillonner les archers de Phraortes ;
Et la sueur coulait de leurs visages bruns.

C'est alors qu'apparut, tout hérissé de flèches,
Rouge du flux vermeil de ses blessures fraîches,
Sous la pourpre flottante et l'airain rutilant,

Au fracas des buccins qui sonnaient leur fanfare,
Superbe, maîtrisant son cheval qui s'effare,
Sur le ciel enflammé, l'Impérator sanglant.

This poem is taken from the second part ('Rome et les bar-bares') of *Les Trophées*. The battle evoked by the poet is that of Mark Antony against the Parthians. Now, although the fighting has ended, the heat and bitter smell of bloodshed are still in the air; the centurions are gathering together their dispersed troops; melancholy and death reign. But into this sombre atmos-phere there suddenly rides the triumphant commander, Antony, proud and blood-red like the fiery sky behind him. A savage cruelty pervades the scene, suggested by the constant alliteration of the hard *c*; and the contrast in colour and tone between octave and sestet is emphasized by the change of tense in l. 13.

l. 7: *Phraortes*, king of the Parthians

Antoine et Cléopâtre

Tous deux ils regardaient, de la haute terrasse,
L'Égypte s'endormir sous un ciel étouffant
Et le Fleuve, à travers le Delta noir qu'il fend,
Vers Bubaste ou Saïs rouler son onde grasse.

Et le Romain sentait sous la lourde cuirasse,
Soldat captif berçant le sommeil d'un enfant,
Ployer et défaillir sur son cœur triomphant
Le corps voluptueux que son étreinte embrasse.

Tournant sa tête pâle entre ses cheveux bruns
Vers celui qu'enivraient d'invincibles parfums,
Elle tendit sa bouche et ses prunelles claires ;

Et sur elle courbé, l'ardent Impérator
Vit dans ses larges yeux étoilés de points d'or
Toute une mer immense où fuyaient des galères.

Like *Soir de bataille*, *Antoine et Cléopâtre* celebrates the memory of Antony; yet in this sonnet it is not he who conquers, but Cleopatra—and fate. Night will soon fall and the atmosphere is stifling, voluptuous. In Antony's arms the childlike Cleopatra is intoxicatingly beautiful. He bends to kiss her, then sees re-flected in her eyes a vision of the battle of Actium, the defeat that he and his fleet are soon to suffer. The implication is that his enslavement to passion is tragic and will mean disaster for many. Heredia has imbued this sonnet, perhaps his greatest, with deliberate sensuousness and a note of inescapable destiny.

Les Conquérants

Comme un vol de gerfauts hors du charnier natal,
Fatigués de porter leurs misères hautaines,
De Palos de Moguer, routiers et capitaines
Partaient, ivres d'un rêve héroïque et brutal.

Ils allaient conquérir le fabuleux métal
Que Cipango mûrit dans ses mines lointaines,
Et les vents alizés inclinaient leurs antennes
Aux bords mystérieux du monde occidental.

Chaque soir, espérant des lendemains épiques,
L'azur phosphorescent de la mer des Tropiques
Enchantait leur sommeil d'un mirage doré ;

Ou penchés à l'avant des blanches caravelles,
Ils regardaient monter en un ciel ignoré
Du fond de l'Océan des étoiles nouvelles.

This poem is found in the third part of *Les Trophées* called 'Le Moyen Âge et la Renaissance'. It is one of eight sonnets in which Heredia describes the 'conquerors', the *conquistadores*, who discovered and won America for Spain in the fifteenth and sixteenth centuries. (One of these heroes, it may be noted, was Don Pedro de Heredia, an ancestor of the poet). The images of this particular sonnet have an exotic splendour, a savage grandeur which conjures up vividly the breadth of the enterprise, culminating in the striking last line: a new sky (that of the Southern Hemisphere) has appeared and new stars are born from the bosom of the ocean.

l. 3: *Palos de Moguer*, a port in Andalusia, Spain, from which Columbus set sail in 1492
l. 6: *Cipango*, Japan

Le Récif de corail

Le soleil sous la mer, mystérieuse aurore,
Éclaire la forêt des coraux abyssins
Qui mêle, aux profondeurs de ses tièdes bassins,
La bête épanouie et la vivante flore.

Et tout ce que le sel ou l'iode colore,
Mousse, algue chevelue, anémones, oursins,
Couvre de pourpre sombre, en somptueux dessins,
Le fond vermiculé du pâle madrépore.

De sa splendide écaille éteignant les émaux,
Un grand poisson navigue à travers les rameaux ;
Dans l'ombre transparente, indolemment il rôde ;

Et brusquement, d'un coup de sa nageoire en feu,
Il fait, par le cristal morne, immobile et bleu,
Courir un frisson d'or, de nacre et d'émeraude.

This poem evokes the sumptuousness of a coral-reef and the exotic forms that inhabit it. The poet uses ringing words to convey this original tableau with its light and its rich diversity. We note in particular the effective expression in the fourth line where an animal-life is depicted that flourishes like plants, and plants as vitally active as animals. In the tercets the attention is centred on one single fish which at first is indolent; then suddenly its fin flashes and, in the still blue crystal of the water, creates a wonderful splash of colour that is at once gold, nacrous and emerald.

Stéphane Mallarmé
1842-98

'My concessions to necessity as well as to pleasure have not been frequent', Mallarmé once told his fellow poet Verlaine. One of the most striking things about him was indeed the single-minded consecration with which he treated poetry from an early age, despite his onerous chores as a schoolmaster. At first his ambition was fired by the reading of Baudelaire and the American, Edgar Allan Poe: he decided he would be a second Baudelaire, would write 'a poem worthy of Poe, a poem that his own countrymen will not surpass'. Then, in 1866, when he was twenty-four, there came to him a period of deep mental stress provoked by his meditations on language and poetic form, a crisis that for Mallarmé took on the resonance of the 'great metaphysical night of the mystics' (Claudel). 'My thought', he said, 'has gone as far as to think itself.' All literature, past and present, was henceforth envisaged as an unconscious attempt to write one 'Book' which would be the expression, the explanation of the world, the hymn of the interrelationship of all things. Mallarmé spent years planning and meditating on the Book which he hoped some day to write, but never accomplished; however, his dream of perfection served as a personal yardstick for the sixty-odd pieces of his *Poésies*, whose musical appeal, originality of subject and metaphor, and intricate form produce art that constitutes a unique landmark in French poetry.

Brise marine

La chair est triste, hélas ! et j'ai lu tous les livres.
Fuir ! là-bas fuir ! Je sens que des oiseaux sont ivres
D'être parmi l'écume inconnue et les cieux !
Rien, ni les vieux jardins reflétés par les yeux
Ne retiendra ce cœur qui dans la mer se trempe
O nuits ! ni la clarté déserte de ma lampe
Sur le vide papier que la blancheur défend
Et ni la jeune femme allaitant son enfant.
Je partirai ! Steamer balançant ta mâture,
Lève l'ancre pour une exotique nature !

Un Ennui, désolé par les cruels espoirs,
Croit encore à l'adieu suprême des mouchoirs !

Et, peut-être, les mâts, invitant les orages
Sont-ils de ceux qu'un vent penche sur les naufrages
Perdus, sans mâts, sans mâts, ni fertiles îlots...
Mais, ô mon cœur, entends le chant des matelots !

Written in 1865 *Brise marine* expresses, as Mallarmé told one of his friends, 'that unexplained desire we have sometimes to leave those that are dear to us, and *set forth*'. The expression is extremely condensed and excited, and the sound compelling. The emotional tension is built up around a dramatic opposition: on the one hand is the beauty of well-known gardens tenderly reflected in a friend's eyes, the familiar struggle of the poet with words and paper, and the presence of loved ones; all these images are familiar, intimate, though the poet sees, not feels their attraction; now he wants to reject them for a mad escape. Exotic nature will abolish his boredom and he will enjoy the freedom of the seagulls. Of course, he knows the dangers of escape, the possibility of losing all in some kind of shipwreck; but he does not care, for the sailors are chanting a song of the sea and of ports beyond: he must leave.

Paul Verlaine
1844-96

In Verlaine's work, which as often as not was written in the heart of Paris, or London, or Brussels, we are repeatedly struck by an intimate feeling for nature which the poet renders by deft impressionistic touches. 'Verlaine, par ce qu'il a de meilleur, est resté un rural' (Claudel). Nothing could be farther from the plasticity the Parnassians advocated, although Verlaine, like Heredia, early frequented the Parnasse; and yet there is sure evocation: we imagine a gently rolling country-side whose curves merge, disappear into one another and leave with us a pervading atmosphere of sensuous charm. These characteristics may well be the lasting echo of his childhood years spent in the provinces, especially the Ardennes where he regularly went during his holidays. Yet he moved to Paris with his family in 1851, had his schooling at the Lycée Bonaparte, and entered on the study of law. He finally abandoned the Faculty in 1864 and, not by choice but by necessity, became a clerk at the Paris Town Hall. In 1866 *Poèmes saturniens* appeared, the first of a long series of collections of verse. His life was miserable, swinging violently between debauchery and religious fervour. Yet out of it came a poetry which maintains a note of purity, a voice that sings with simplicity and tenderness ('un air de flûte très lointain dans des couchers éteints', as he once wrote).

Monsieur Prudhomme

Il est grave : il est maire et père de famille.
Son faux-col engloutit son oreille. Ses yeux
Dans un rêve sans fin flottent, insoucieux,
Et le printemps en fleur sur ses pantoufles brille.

Que lui fait l'astre d'or, que lui fait la charmille
Où l'oiseau chante à l'ombre, et que lui font les cieux,
Et les prés verts et les gazons silencieux ?
Monsieur Prudhomme songe à marier sa fille

Avec monsieur Machin, un jeune homme cossu.
Il est juste-milieu, botaniste et pansu.
Quant aux faiseurs de vers, ces vauriens, ces maroufles,

Ces fainéants barbus, mal peignés, il les a
Plus en horreur que son éternel coryza,
Et le printemps en fleur brille sur ses pantoufles.

Probably the first poem that Verlaine ever published, this
sonnet appeared in 1863. It is, as he said, a 'satirette', a little
satire that laughs at the bourgeois and his self-importance. The
tone is light-hearted—a rare note for the regular sonnet-form:
Verlaine plays on words, gives humorous over-emphasis (e.g.
'*engloutit* son oreille'), suggests bourgeois vulgarity by his choice
of epithets ('cossu', 'pansu'), and provides his model with a running nose and punctiliously bright shoes that reflect nature but
do not respond to its call.

Mon Rêve familier

Je fais souvent ce rêve étrange et pénétrant
D'une femme inconnue, et que j'aime, et qui m'aime,
Et qui n'est, chaque fois, ni tout à fait la même
Ni tout à fait une autre, et m'aime et me comprend.

Car elle me comprend, et mon cœur, transparent
Pour elle seule, hélas ! cesse d'être un problème
Pour elle seule, et les moiteurs de mon front blême,
Elle seule les sait rafraîchir, en pleurant.

Est-elle brune, blonde ou rousse ? — Je l'ignore.
Son nom ? Je me souviens qu'il est doux et sonore,
Comme ceux des aimés que la Vie exila.

Son regard est pareil au regard des statues,
Et pour sa voix, lointaine, et calme, et grave, elle a
L'inflexion des voix chères qui se sont tues.

Published in 1866, *Mon Rêve familier* is a regular sonnet.
Although one of the early poems of Verlaine, it already contains
his typically sinuous phrasing and images that conjure up a far-
off, barely visible ideal. The dream of love is real, like the consolation that the woman brings, but she is unknown, never the
same, indescribable. What alone can be told is the tender melancholy of her name, the statuesque immobility of her eyes, and the
faint calm tone of her voice that recalls the voices of loved ones
who are now dead.

L'Heure du berger

La lune est rouge au brumeux horizon ;
Dans un brouillard qui danse, la prairie
S'endort fumeuse, et la grenouille crie
Par les joncs verts où circule un frisson ;

Les fleurs des eaux referment leurs corolles ;
Des peupliers profilent aux lointains,
Droits et serrés, leurs spectres incertains ;
Vers les buissons errent les lucioles ;

Les chats-huants s'éveillent, et sans bruit
Rament l'air noir avec leurs ailes lourdes,
Et le zénith s'emplit de lueurs sourdes.
Blanche, Vénus émerge, et c'est la Nuit.

Although it is one of Verlaine's first poems, *L'Heure du berger* introduces us to a mood and scene that became common in his later work. It is the description of the coming of night in a country setting, in which the poet does not seek to intervene but rather to transcribe the movement of nature itself. We find a study in visual effects that brings together contraries in a sequence of subdued, fitful glimmerings ('lueurs sourdes'), of dancing fog ('brouillard qui danse'). The first eleven decasyllables form a single sentence made up of isolated details, followed dramatically by the final line which reveals, like a goddess, the Evening Star.

Chanson d'automne

Les sanglots longs
Des violons
  De l'automne
Blessent mon cœur
D'une langueur
  Monotone.

Tout suffocant
Et blême, quand
  Sonne l'heure,
Je me souviens
Des jours anciens
  Et je pleure.

Et je m'en vais
Au vent mauvais
   Qui m'emporte
Deçà, delà,
Pareil à la
   Feuille morte.

These eighteen lines are among the most delicate Verlaine wrote. Moving lightly on verses of three and four syllables, they evoke the melancholy of autumn in a most original way. A mood of plaintive nostalgia is established as the season awakens pain and regret and transports the sensibility on the winds of sadness like a wafted leaf.

Clair de lune

Votre âme est un paysage choisi
Que vont charmant masques et bergamasques,
Jouant du luth et dansant et quasi
Tristes sous leurs déguisements fantasques.

Tout en chantant sur le mode mineur
L'amour vainqueur et la vie opportune
Ils n'ont pas l'air de croire à leur bonheur
Et leur chanson se mêle au clair de lune,

Au calme clair de lune, triste et beau,
Qui fait rêver les oiseaux dans les arbres
Et sangloter d'extase les jets d'eau,
Les grands jets d'eau sveltes parmi les marbres.

This poem appeared in 1867. It was originally called *Fêtes galantes*, a title which indicates its close relationship to eighteenth-century painters such as Watteau and Fragonard, who had depicted scenes of gallantry and playful grace. Verlaine sings, as he says in his poem, 'sur le mode mineur' and creates a dream-like fantasy: the woman by his side ('votre âme') evokes for him an atmosphere of elegance, masquerade, moonlight; and a suave *glissando* of images unites sadness and joy, beauty and regret.

Colloque sentimental

Dans le vieux parc solitaire et glacé,
Deux formes ont tout à l'heure passé.

Leurs yeux sont morts et leurs lèvres sont molles,
Et l'on entend à peine leurs paroles.

Dans le vieux parc solitaire et glacé,
Deux spectres ont évoqué le passé.

— Te souvient-il de notre extase ancienne ?
— Pourquoi voulez-vous donc qu'il m'en souvienne ?

— Ton cœur bat-il toujours à mon seul nom ?
Toujours vois-tu mon âme en rêve ? — Non.

— Ah ! les beaux jours de bonheur indicible
Où nous joignions nos bouches ! — C'est possible.

— Qu'il était bleu, le ciel, et grand, l'espoir !
— L'espoir a fui, vaincu, vers le ciel noir.

Tels ils marchaient dans les avoines folles,
Et la nuit seule entendit leurs paroles.

Published in 1869, this poem presents the meeting of two
persons who once loved each other but now, like their love, they
have lost all substantiality and become vague and solitary
spectres. The form of this short poem is remarkable: the caesura
of the decasyllables is supple, rendering the accents of regret in
a simple, almost conversational manner; and each couplet is
isolated, so that the lyric movement does not carry us forward
too quickly and make us forget the loneliness of the former
lovers. The rhymes, too, are admirably organized: first the introduction (*aa bb aa*); then the dialogue of one who remembers
and another who has forgotten (*cc dd ee ff*); and the poem is given
a note of complete finality with the last rhyme (*bb*).

L'Escarpolette

Je devine à travers un murmure,
Le contour subtil des voix anciennes,
Et dans les lueurs musiciennes,
Amour pâle, une aurore future !

Et mon âme et mon cœur en délires
Ne sont plus qu'une espèce d'œil double
Où tremblote, à travers un jour trouble,
L'ariette, hélas ! de toutes lyres !

O mourir de cette mort seulette
Que s'en vont, cher amour qui t'épeures,
Balançant jeunes et vieilles heures !
O mourir de cette escarpolette !

Written in 1872, this poem was grouped among the 'forgotten little melodies' (*ariettes oubliées*) of Verlaine's collection *Romances sans paroles*. Inspired by an eighteenth-century poet (Favart) and perhaps also by eighteenth-century painters, 'The Swing' is the plaintive nostalgic song of reverie swaying between the present and a fading dream, between sad love and hope, regret and radiant pleasure. As usual in Verlaine, the object of desire is fugitive, bathed in a gentle half-light; and the unusual nine-syllabled verse, with its regular ternary break and feminine rhymes, provides the intimate unemphatic rhythm of the poet's aspiration.

Green

Voici des fruits, des fleurs, des feuilles et des branches,
Et puis voici mon cœur qui ne bat que pour vous.
Ne le déchirez pas avec vos deux mains blanches,
Et qu'à vos yeux si beaux l'humble présent soit doux.

J'arrive tout couvert encore de rosée
Que le vent du matin vient glacer à mon front.
Souffrez que ma fatigue, à vos pieds reposée,
Rêve des chers instants qui la délasseront.

Sur votre jeune sein laissez rouler ma tête
Toute sonore encor de vos derniers baisers ;
Laissez-la s'apaiser de la bonne tempête,
Et que je dorme un peu puisque vous reposez.

Included in the collection *Romances sans paroles* (1874), *Green* was perhaps written during Verlaine's stay in London, as the English title seems to indicate; the title also sets the atmosphere of the poem and pregnantly suggests the freshness of nature, a verdant love. The poet, returning from a morning walk in the fields, offers a bouquet to his love, and with it the total surrender of his heart. A note of disquietude enters ('Ne le déchirez pas...') but he begs for rest from fatigue, for the calm and sleep he desires.

L'échelonnement des haies...

L'échelonnement des haies
Moutonne à l'infini, mer
Claire dans le brouillard clair
Qui sent bon les jeunes baies.

Des arbres et des moulins
Sont légers sur le vert tendre
Où vient s'ébattre et s'étendre
L'agilité des poulains.

Dans ce vague d'un dimanche
Voici se jouer aussi
De grandes brebis aussi
Douces que leur laine blanche.

Tout à l'heure déferlait
L'onde, roulée en volutes,
De cloches comme des flûtes
Dans le ciel comme du lait.

These lines were written in England, at Stickney (Lincolnshire) in 1875. They present a landscape, a tender description done in an impressionistic manner, with a fluid succession of purely sensorial images. The poet looking out over the fields sees the hedgerows one after the other drawn up like an army in echelon formation; or like a limitless ocean of waves in the luminous mist, that smells of sweet young berries. In the valley below, against the tender green of the fields, are trees and windmills which, instead of being substantial objects, appear light and evanescent. Agile colts frolic or rest in the fields. It is Sunday, a day of inactivity for men and nature; lambs as gentle as their own white wool are sporting on the grass. A peal of bells has come and gone, like a wave breaking, like a flute, and been absorbed in the milky whiteness of the sky.

Il pleure dans mon cœur...

> Il pleut doucement sur la ville
> *(Arthur Rimbaud)*

Il pleure dans mon cœur
Comme il pleut sur la ville,
Quelle est cette langueur
Qui pénètre mon cœur ?

O bruit doux de la pluie
Par terre et sur les toits !
Pour un cœur qui s'ennuie,
O le chant de la pluie !

Il pleure sans raison
Dans ce cœur qui s'écœure.
Quoi ! nulle trahison ?
Ce deuil est sans raison.

C'est bien la pire peine
De ne savoir pourquoi,
Sans amour et sans haine,
Mon cœur a tant de peine !

This poem, written in 1874, seems to have been inspired, as the epigraph indicates, by a few simple words spoken by Verlaine's companion Arthur Rimbaud. The author is concerned to compose the little melody, the 'ariette oubliée' that will express his state of mind. It is raining in the town, and in the poet's heart there is a strangely corresponding atmosphere, a gentle melancholy that is unexplained and inexplicable, a mixture of pleasure and pain. The verse is 'délicieusement faux exprès' (delightfully, purposely inexact), with three hexasyllables of each stanza rhyming, and the fourth a non-rhyme.

l. 1: *il pleure*, 'there is weeping . . .', an impersonal construction based on the form 'il pleut'

Le ciel est, par-dessus le toit...

Le ciel est, par-dessus le toit,
    Si bleu, si calme !
Un arbre, par-dessus le toit,
    Berce sa palme.

La cloche, dans le ciel qu'on voit,
   Doucement tinte.
Un oiseau sur l'arbre qu'on voit
   Chante sa plainte.

Mon Dieu, mon Dieu, la vie est là,
   Simple et tranquille.
Cette paisible rumeur-là
   Vient de la ville.

— Qu'as-tu fait, ô toi que voilà
   Pleurant sans cesse,
Dis, qu'as-tu fait, toi que voilà,
   De ta jeunesse ?

This poem was written in a Belgian prison in 1873. As Verlaine
said later: 'Par-dessus le mur de devant ma fenêtre... je voyais,
c'était en août, se balancer la cime... de quelque haut peuplier
d'un square ou d'un boulevard voisin. En même temps m'arri-
vaient des rumeurs lointaines, adoucies, de fête.' The poem has
a childlike simplicity of diction and of sound (note the repetition in each stanza of the masculine rhyme). In the first two
stanzas we find objective descriptions that create an atmosphere
of gentleness and plaintive charm. The poet then interprets the
scene, and his repeated 'Mon Dieu' is significant: this, he ex-
claims, is life, this is the life that God means us to live in all its
innocence. And then we are suddenly made aware of the state of
mind of the author as the town seems to utter an accusation: its
innocence, its calm murmur directly contrasts with the poet,
ceaselessly weeping over his misspent youth.

Ah ! Seigneur, qu'ai-je ?...

—Ah ! Seigneur, qu'ai-je ? Hélas ! me voici tout en larmes
D'une joie extraordinaire : votre voix
Me fait comme du bien et du mal à la fois,
Et le mal et le bien, tout a les mêmes charmes.

Je ris, je pleure, et c'est comme un appel aux armes
D'un clairon pour des champs de bataille où je vois
Des anges bleus et blancs portés sur des pavois,
Et ce clairon m'enlève en de fières alarmes.

J'ai l'extase et j'ai la terreur d'être choisi.
Je suis indigne, mais je sais votre clémence.
Ah ! quel effort, mais quelle ardeur ! Et me voici
Plein d'une humble prière, encor qu'un trouble immense
Brouille l'espoir que votre voix me révéla,
Et j'aspire en tremblant.
                                    — Pauvre âme, c'est cela !

This is the eighth and last of a sonnet-sequence, written in prison in 1874, that constitutes a kind of dialogue between the self and its Saviour. Here the poet expresses 'tout ce qu'a d'admirablement consolant, raisonnable et logique cette religion si terrible et si douce'. Now, having heard Christ's words, he is filled both with joy and terror. He can no longer reason or even keep his eyes firmly fixed on the clear promise he has received. All he can do is tremble and aspire, aspire and tremble; and this, comes the definitive reply of Christ, is not weakness or lack of faith, but faith itself, that demands humility, tears and prayer.

Art poétique

De la musique avant toute chose,
Et pour cela préfère l'impair,
Plus vague et plus soluble dans l'air,
Sans rien en lui qui pèse ou qui pose.

Il faut aussi que tu n'ailles point
Choisir tes mots sans quelque méprise :
Rien de plus cher que la chanson grise
Où l'Indécis au Précis se joint.

C'est des beaux yeux derrière des voiles,
C'est le grand jour tremblant de midi,
C'est par un ciel d'automne attiédi,
Le bleu fouillis des claires étoiles !

Car nous voulons la Nuance encor,
Pas la Couleur, rien que la Nuance !
Oh ! la Nuance seule fiance
Le rêve au rêve et la flûte au cor !

Fuis du plus loin la Pointe assassine,
L'Esprit cruel et le Rire impur,
Qui font pleurer les yeux de l'Azur,
Et tout cet ail de basse cuisine !

Prends l'éloquence et tords-lui son cou !
Tu feras bien, en train d'énergie,
De rendre un peu la Rime assagie :
Si l'on n'y veille, elle ira jusqu'où ?

O qui dira les torts de la Rime !
Quel enfant sourd ou quel nègre fou
Nous a forgé ce bijou d'un sou
Qui sonne creux et faux sous la lime ?

De la musique encore et toujours !
Que ton vers soit la chose envolée
Qu'on sent qui fuit d'une âme en allée
Vers d'autres cieux à d'autres amours.

Que ton vers soit la bonne aventure
Éparse au vent crispé du matin
Qui va fleurant la menthe et le thym...
Et tout le reste est littérature.

Written in 1874, and composed of nine stanzas of nine-syllable lines, *Art poétique* is a song whose subject is poetry itself. Some of Verlaine's followers considered it a manifesto: we appreciate it today however, not merely for the originality of the thought, but for its poetic accomplishment. The structure is developed in three parts: first (st. 1-4) comes the conscious choice of the ideal and its desirability; then the brutal rejection of its opposite (st. 5-7); lastly the ideal is evoked again in a fine lyrical surge (st. 8-9). It will be seen that the ideal to be attained is compared above all to an elusive mistress (*des beaux yeux derrière des voiles, d'autres amours*); but also it is all the freshness of nature, all the pleasure of music.

l. 2: *l'Impair*, the line of poetry containing an uneven number of syllables (like the nine-syllable lines of *Art poétique*)

l. 6: *quelque méprise*, a suggestive aura, ambiguity

l. 17: *la Pointe*, the shaft of wit, that is inimical to an ideal poetic atmosphere

l. 18: *l'Azur*, the pure ideal

l. 20: *l'éloquence*, rhetorical artifice

l. 27: *ce bijou d'un sou*, this worthless gem: it will be seen that Verlaine is not condemning rhyme as such (he himself uses it here) but the poet who allows his poem to lose its originality and substance through a strict, unartistic observance of the rules

l. 34: *crispé*, applied to *vent*, is a surprising epithet, but Verlaine was here undoubtedly influenced by the English word 'crisp' and the expression 'the crisp morning air'

Bon chevalier masqué...

Bon chevalier masqué qui chevauche en silence,
Le Malheur a percé mon vieux cœur de sa lance.

Le sang de mon vieux cœur n'a fait qu'un jet vermeil,
Puis s'est évaporé sur les fleurs, au soleil.

L'ombre éteignit mes yeux, un cri vint à ma bouche,
Et mon vieux cœur est mort dans un frisson farouche.

Alors le chevalier Malheur s'est rapproché,
Il a mis pied à terre et sa main m'a touché.

Son doigt ganté de fer entra dans ma blessure
Tandis qu'il attestait sa loi d'une voix dure.

Et voici qu'au contact glacé du doigt de fer
Un cœur me renaissait, tout un cœur pur et fier.

Et voici que, fervent d'une candeur divine,
Tout un cœur jeune et bon battit dans ma poitrine.

Or, je restais tremblant, ivre, incrédule un peu,
Comme un homme qui voit des visions de Dieu.

Mais le bon chevalier, remonté sur sa bête,
En s'éloignant, me fit un signe de la tête

Et me cria (j'entends *encore* cette voix) :
'Au moins, prudence ! Car c'est bon pour une fois.'

The first page of *Sagesse* offers a deeply moving expression of
Verlaine's rediscovered faith. As in *Colloque sentimental*, the
form comprises a sequence of isolated rhyming couplets that each
present an episode in a dramatic development; yet we find here
no modern setting, but rather a medieval allegory, with a knight
on horseback who engages the speaker in mortal combat, killing
the sinning heart so that a new one may be born. This good
knight is the image of Unhappiness which purges the self and
enables us to see God. Nevertheless he also utters the stern warn-
ing that echoes long afterwards ('*encore*') in the converted soul:
'c'est bon pour une fois': do not yield again to temptation for—
once is enough.

L'espoir luit...

L'espoir luit comme un brin de paille dans l'étable.
Que crains-tu de la guêpe ivre de son vol fou ?
Vois, le soleil toujours poudroie à quelque trou.
Que ne t'endormais-tu, le coude sur la table ?

Pauvre âme pâle, au moins cette eau du puits glacé,
Bois-la. Puis dors après. Allons, tu vois, je reste,
Et je dorloterai les rêves de ta sieste,
Et tu chantonneras comme un enfant bercé.

Midi sonne. De grâce, éloignez-vous, madame.
Il dort. C'est étonnant comme les pas de femme
Résonnent au cerveau des pauvres malheureux.

Midi sonne. J'ai fait arroser dans la chambre.
Va, dors ! L'espoir luit comme un caillou dans un creux.
Ah ! quand refleuriront les roses de septembre !

Restrained yet profoundly tender, *L'espoir luit...* is perhaps
Verlaine's most moving poem. It states in humbly intimate terms
that Hope is present, that nature can be trusted, that nothing
must deter the recourse to refreshing sleep. With a mother's
intuition the poet senses the hesitations, the agitated reluctance
of his listener, and allays them by words that conjure away care.
And yet the final line of the sonnet resolves itself into a sigh
towards a future that will restore past happiness, towards the full
flowering of Hope in the form of September roses that will end
the fevers of summer: it is the moment when the self reveals
most plaintively the very tenuousness with which it has sung of
consolation.

Arthur Rimbaud

1854-91

The life and work of Rimbaud have been interpreted in various manners. First of all, as concerns his life, we have the phenomenon of an adolescent of sixteen, a brilliant pupil at the high school of provincial Charleville, and author of numerous poems in the style of Hugo and Leconte de Lisle, who suddenly produces work of remarkable originality. After leaving home for several brief periods he went to Paris in September 1871, where he met Verlaine. Over the next four years he travelled in England and Belgium and wrote a good deal of poetry which owes little or nothing to contemporary styles. Then giving up literature altogether, he set sail for Java as a volunteer in the Dutch army (1876-7) and, later (1880-90), worked as a trader and gun-runner in Aden. The letters sent to his family during this period are anything but 'poetic': they are concerned almost solely with business and finance. What, we may ask, is the secret of this silence, this rejection of poetry after such precocity? Then, too, how are we to interpret the work he left, some of it in traditional form but much in rhythmical prose? Above all it is a kind of poetry of revolt, expressed with unique plastic gifts and a violent muscularity, which attempts to replace the ugliness and the boredom the poet found in life with a cult of new-found beauty. The reader needs especially to remember that Rimbaud's is the voice of puberty; and we may well decide that his later silence was the natural result of a disabused enthusiasm.

Ophélie

I

Sur l'onde calme et noire où dorment les étoiles,
La blanche Ophélia flotte comme un grand lys,
Flotte très lentement, couchée en ses longs voiles.
On entend dans les bois lointains des hallalis.

Voici plus de mille ans que la triste Ophélie
Passe, fantôme blanc, sur le long fleuve noir ;
Voici plus de mille ans que sa douce folie
Murmure sa romance à la brise du soir.

Le vent baise ses seins et déploie en corolle
Ses grands voiles bercés mollement par les eaux,
Les saules frissonnants pleurent sur son épaule.
Sur son grand front rêveur s'inclinent les roseaux.

Les nénuphars froissés soupirent autour d'elle.
Elle éveille parfois, dans un aune qui dort,
Quelque nid d'où s'échappe un petit frisson d'aile.
Un chant mystérieux tombe des astres d'or.

II

O pâle Ophélia, belle comme la neige,
Oui, tu mourus, enfant, par un fleuve emporté !
C'est que les vents tombant des grands monts de Norvège
T'avaient parlé tout bas de l'âpre liberté.

C'est qu'un souffle tordant ta grande chevelure,
À ton esprit rêveur portait d'étranges bruits ;
Que ton cœur écoutait le chant de la Nature
Dans les plaintes de l'arbre et les soupirs des nuits.

C'est que la voix des mers folles, immense râle,
Brisait ton sein d'enfant trop humain et trop doux ;
C'est qu'un matin d'avril un beau cavalier pâle,
Un pauvre fou, s'assit muet à tes genoux.

Ciel ! Amour ! Liberté ! quel rêve, ô pauvre Folle !
Tu te fondais à lui comme une neige au feu.
Tes grandes visions étranglaient ta parole.
— Et l'Infini terrible effara ton œil bleu.

III

Et le poète dit qu'aux rayons des étoiles
Tu viens chercher, la nuit, les fleurs que tu cueillis,
Et qu'il a vu sur l'eau, couchée en ses longs voiles,
La blanche Ophélia flotter, comme un grand lys !

Written in May 1870, *Ophélie* is a transposition into French
of an exercise in Latin verse. (Rimbaud, during the period he
spent at high school, was a brilliant student of Latin.) The theme
is of course taken from *Hamlet*, but Rimbaud treats it with

Romantic idealism ('Ciel ! Amour ! Liberté !'...), slow and gentle harmonies and, already, the gift of suggestive metaphor. Ophelia becomes as fair as the nature that surrounds her—'sweets to the sweet', as Shakespeare's Gertrude says.

Roman

I

On n'est pas sérieux, quand on a dix-sept ans.
— Un beau soir, foin des bocks et de la limonade,
Des cafés tapageurs aux lustres éclatants !
— On va sous les tilleuls verts de la promenade.

Les tilleuls sentent bon dans les bons soirs de juin !
L'air est parfois si doux, qu'on ferme la paupière ;
Le vent chargé de bruits, — la ville n'est pas loin, —
A des parfums de vigne et des parfums de bière...

II

— Voilà qu'on aperçoit un tout petit chiffon
D'azur sombre, encadré d'une petite branche,
Piqué d'une mauvaise étoile, qui se fond
Avec de doux frissons, petite et toute blanche...

Nuit de juin ! Dix-sept ans ! — On se laisse griser.
La sève est du champagne et vous monte à la tête...
On divague ; on se sent aux lèvres un baiser
Qui palpite là, comme une petite bête...

III

Le cœur fou Robinsonne à travers les romans,
— Lorsque, dans la clarté d'un pâle réverbère,
Passe une demoiselle aux petits airs charmants,
Sous l'ombre du faux-col effrayant de son père...

Et, comme elle vous trouve immensément naïf,
Tout en faisant trotter ses petites bottines,
Elle se tourne, alerte et d'un mouvement vif...
— Sur vos lèvres alors meurent les cavatines...

IV

Vous êtes amoureux. Loué jusqu'au mois d'août.
Vous êtes amoureux. — Vos sonnets La font rire.
Tous vos amis s'en vont, vous êtes mauvais goût.
— Puis l'adorée, un soir, a daigné vous écrire !...

— Ce soir-là,... — vous rentrez aux cafés éclatants,
Vous demandez des bocks ou de la limonade...
— On n'est pas sérieux, quand on a dix-sept ans
Et qu'on a des tilleuls verts sur la promenade.

Written in September 1870 when Rimbaud was fifteen, this
poem is a remarkable example of the poet's precocious talent.
The tone is one of adolescent lightheartedness, the enthusiasm
of young love. Rimbaud's language is already personal in its
colloquial exclamatory style, its humour, its command of rhythm
and original rhyme. Why is it called *Roman*? Because its subject
is love; and also, no doubt, because we have as it were four chap-
ters, a narrative development in a circle from the initial rejection
of the cafés to the poet's triumphant return.

l. 17: *Robinsonne*, 'goes on great imaginary voyages like Robinson Crusoe'
(Rimbaud invented the word)
l. 24: *cavatines*, songs

Le Buffet

C'est un large buffet sculpté ; le chêne sombre,
Très vieux, a pris cet air si bon des vieilles gens.
Ce buffet est ouvert et verse dans son ombre,
Comme un flot de vin vieux, des parfums engageants.

Tout plein, c'est un fouillis de vieilles vieilleries,
De linges odorants et jaunes, de chiffons
De femmes et d'enfants, de dentelles flétries,
De fichus de grand-mère où sont peints des griffons.

C'est là qu'on trouverait les médaillons, les mèches
De cheveux blancs ou blonds, les portraits, les fleurs sèches
Dont le parfum se mêle à des parfums de fruits.

O buffet du vieux temps, tu sais bien des histoires !
Et tu voudrais conter tes contes, et tu bruis
Quand s'ouvrent lentement tes grandes portes noires.

Le Buffet is an early poem composed in Rimbaud's native Charleville, which describes with warmth and charm an ordinary piece of furniture in a nineteenth century household. The solid sideboard contains the past, like a family museum; its bric-a-brac is the memento of little events, of people, of moments gone forever. Rimbaud emphasizes its age, its monumental presence, the tender trivia it holds, and in particular evokes the atmosphere by olfactory images that make us think of the technique of Baudelaire. The sonnet form is admirably controlled, gaining renewed vitality in the last tercet by a change to the second person mode of address.

l. 13: *tu bruis*, you murmur, hum

does the shock we at end?

Le Dormeur du val

vale, dale

greenery

C'est un trou de verdure où chante une rivière
Accrochant follement aux herbes des haillons
D'argent ; où le soleil, de la montagne fière,
Luit : c'est un petit val qui mousse de rayons.

Un soldat jeune, bouche ouverte, tête nue,
Et la nuque baignant dans le frais cresson bleu,
Dort ; il est étendu dans l'herbe, sous la nue,
Pâle dans son lit vert où la lumière pleut.

Les pieds dans les glaïeuls, il dort. Souriant comme
Sourirait un enfant malade, il fait un somme :
Nature, berce-le chaudement : il a froid.

Les parfums ne font pas frissonner sa narine ;
Il dort dans le soleil, la main sur sa poitrine
Tranquille. Il a deux trous rouges au côté droit.

we are zooming in silvery bubbles

still zooming in

run on, trudging over. else up too

we are given indications before we learn in last line

les couleurs primitives dans tous les poèmes de Rimbaud

This sonnet was written in October 1870. Rimbaud, deeply affected by the Franco-Prussian war, expresses in this sonnet his pity for the young soldier and also his latent indignation at the senseless battle. Yet above all things the poem shows Rimbaud's original vision and his delight in colour (green, blue, yellow, red). The natural scene is first depicted in its bright freshness, then the soldier smiling as he sleeps—a sleep, as the last line reveals, that is really death. The theme is handled with fine dramatic skill and forceful detail.

Tête de faune

Dans la feuillée, écrin vert taché d'or,
Dans la feuillée incertaine et fleurie
De splendides fleurs où le baiser dort,
Vif et crevant l'exquise broderie,

Un faune effaré montre ses deux yeux.
Et mord les fleurs rouges de ses dents blanches :
Brunie et sanglante ainsi qu'un vin vieux,
Sa lèvre éclate en rires sous les branches.

Et quand il a fui — tel qu'un écureuil —,
Son rire tremble encore à chaque feuille,
Et l'on voit épeuré par un bouvreuil
Le Baiser d'or du Bois, qui se recueille.

These lines were probably written early in 1871. As in *Ophélie*
and *Le Dormeur du val*, Rimbaud's sense of brilliant colour and
concrete detail is allied to a remarkable concision and density of
expression; in addition there is here a pleasant strain of fantasy.

l. 12: *le Baiser d'or du Bois*, the bright play of light on the rustling leaves
is likened to a kiss

Aube

J'ai embrassé l'aube d'été.

Rien ne bougeait encore au front des palais. L'eau était
morte. Les camps d'ombre ne quittaient pas la route du bois.
J'ai marché, réveillant les haleines vives et tièdes ; et les pierreries regardèrent, et les ailes se levèrent sans bruit.

La première entreprise fut, dans le sentier déjà empli de
frais et blêmes éclats, une fleur qui me dit son nom.

Je ris au wasserfall blond qui s'échevela à travers les
sapins : à la cime argentée je reconnus la déesse.

Alors je levai un à un les voiles. Dans l'allée, en agitant
les bras. Par la plaine, où je l'ai dénoncée au coq. À la
grand'ville, elle fuyait parmi les clochers et les dômes ; et,
courant comme un mendiant sur les quais de marbre, je la
chassais.

En haut de la route, près d'un bois de lauriers, je l'ai
entourée avec ses voiles amassés, et j'ai senti un peu son

immense corps. L'aube et l'enfant tombèrent au bas du bois. Au réveil il était midi. *(illumination)*

This poem was probably written in 1872 or 1873. It is one of Rimbaud's *Illuminations* (subtitled in English 'painted plates'), a series of prose-poems which aim to present colourful and exalted evocations. They contain some of the poet's most remarkable work, of which this short passage is an example. The theme is summed up in the first sentence, an octosyllable: the poet has embraced the dawn. The word *embrassé* introduces the analogy on which the poem is based: dawn is a mistress who must be kissed. Nature, the surroundings, are at first dead and motionless; but the poet stirs them, walking, laughing, crying out, running. Finally he reaches the object he has sought, and with it in his arms he falls asleep. When he awakens, dawn is no longer there; it is midday. The subject, a child's aspiration to touch the dawn, is simple, but Rimbaud has transformed it by the originality of metaphor, the strength of rhythm and alliteration and the vital urgency of tone.

Émile Verhaeren
1855-1916

Born in the Flemish town of Saint-Amand, near Antwerp, Émile Verhaeren completed his schooling in Brussels. After a year in his uncle's factory he went to Louvain to study law; but he really wanted to become a poet and had long been secretly writing verse. His first volume, inspired by his native region, was *Les Flamandes* (1883), soon to be followed by several other collections of poems, as well as prose and drama. He travelled much in Europe but, when the world war broke out, he put his talents at the service of Belgium, singing of its suffering and courage (*La Belgique sanglante, Les Ailes rouges de la guerre*), declaring in public lecture after public lecture that his country would free itself. He became, like Victor Hugo in exile, a symbol of his people's hope. His poems of this period, as throughout his career, have the energy and the rustic directness of his origin, and touch us by their communion with an everyday world of toil, 'le monde des actes et des corps' (Valéry).

Le Chaland

Sur l'arrière de son bateau,
Le batelier promène
    Sa maison naine
    Par les canaux.

Elle est joyeuse, et nette, et lisse,
        Et glisse
Tranquillement sur le chemin des eaux.
    Cloisons rouges et porte verte,
    Et frais et blancs rideaux
    Aux fenêtres ouvertes.

Et, sur le pont, une cage d'oiseau
    Et deux baquets et un tonneau ;
Et le roquet qui vers les gens aboie,
    Et dont l'écho renvoie
La colère vaine vers le bateau.

Le batelier promène
    Sa maison naine
    Sur les canaux
Qui font le tour de la Hollande,
Et de la Flandre et du Brabant...

    Il transporte des cargaisons,
Par tas plus hauts que sa maison :
Sacs de pommes vertes et blondes,
    Fèves et pois, choux et raiforts,
    Et quelquefois des seigles d'or
    Qui arrivent du bout du monde.

It is unusual for Verhaeren to make so much play with prosodic variety as we find in *Le Chaland*, which contains lines of two, four, six, eight and ten syllables. However the versification is well suited to theme and tone in this poem that describes a barge as it cheerfully makes its way along the canals of Holland and Belgium. On the deck the boatman's house, however small, is bright and tidy, and his bird and dog are there to keep him company. At the end the intimate details open out broadly to the 'ends of the earth'. Verhaeren thus gives us a happy poem that shows without strain or vehemence, by way of a straightforward enumeration, the dignity of the boatman's life.

l. 20: *le Brabant*, a province of Belgium

Le Moulin

Le moulin tourne au fond du soir, très lentement,
Sur un ciel de tristesse et de mélancolie ;
Il tourne et tourne, et sa voile couleur de lie
Est triste et faible et lourde et lasse, infiniment.

Depuis l'aube, ses bras, comme des bras de plainte,
Se sont tendus et sont tombés ; et les voici
Qui retombent encor, là-bas, dans l'air noirci
Et le silence entier de la nature éteinte.

Un jour souffrant d'hiver sur les hameaux s'endort,
Les nuages sont las de leurs voyages sombres,
Et le long des taillis qui ramassent leurs ombres,
Les ornières s'en vont vers un horizon mort.

Autour d'un vieil étang, quelques huttes de hêtre
Très misérablement sont assises en rond ;
Une lampe de cuivre éclaire leur plafond
Et glisse une lueur aux coins de leur fenêtre.

Et dans la plaine immense, au bord du flot dormeur,
Ces torpides maisons, sous le ciel bas, regardent,
Avec les yeux fendus de leurs vitres hagardes,
Le vieux moulin qui tourne et, las, qui tourne et meurt.

This poem was included in an early collection of Verhaeren's poems, *Les Soirs* (1887). Its subject is Flanders, a melancholy landscape, and in particular a windmill turning slowly as night advances. Verhaeren conveys his youthful anguish and sense of death; the movement of the verse and the words he uses are heavy, and no reassuring colour or sound relieves the solitary drabness of the scene.

Un Soir

Celui qui me lira dans les siècles, un soir,
Troublant mes vers, sous leur sommeil ou sous leur cendre,
Et ranimant leur sens lointain pour mieux comprendre
Comment ceux d'aujourd'hui s'étaient armés d'espoir,

Qu'il sache, avec quel violent élan, ma joie
S'est, à travers les cris, les révoltes, les pleurs,
Ruée au combat fier et mâle des douleurs,
Pour en tirer l'amour, comme on conquiert sa proie.

J'aime mes yeux fiévreux, ma cervelle, mes nerfs,
Le sang dont vit mon cœur, le cœur dont vit mon torse ;
J'aime l'homme et le monde et j'adore la force
Que donne et prend ma force à l'homme et l'univers.

Car vivre, c'est prendre et donner avec liesse.
Mes pairs, ce sont ceux-là qui s'exaltent autant
Que je me sens moi-même avide et haletant
Devant la vie intense et sa rouge sagesse.

Heures de chute ou de grandeur ! — tout se confond
Et se transforme en ce brasier qu'est l'existence ;
Seul importe que le désir reste en partance,
Jusqu'à la mort, devant l'éveil des horizons.

Celui qui trouve est un cerveau qui communie
Avec la fourmillante et large humanité.
L'esprit plonge et s'enivre en pleine immensité ;
Il faut aimer, pour découvrir avec génie.

Une tendresse énorme emplit l'âpre savoir,
Il exalte la force et la beauté des mondes,
Il devine les liens et les causes profondes ;
O vous qui me lirez, dans les siècles, un soir,

Comprenez-vous pourquoi mon vers vous interpelle ?
C'est qu'en vos temps quelqu'un d'ardent aura tiré
Du cœur de la nécessité même, le Vrai,
Bloc clair, pour y dresser l'entente universelle.

This was published in *Les Forces tumultueuses* (1902). The
title of the volume indicates the change in attitude from that of

the early Verhaeren: here is the poet singing of hope and energy, and exulting in vigorous action. In *Un Soir*, he addresses the obscure form of a reader hidden in centuries still to come, expressing to him his own joyous acceptance of life. His testament is of love for the body and the world, and his message one of desire ever fresh and ready to embrace each new adventure. At the centre of all things is an immense tenderness, strength and beauty on which universal understanding will be founded. Verhaeren's poem has a tremendous forward thrust in which heart and muscles are concentrated and speak as one: 'l'accueil à tout ce qui se présentait à lui' (Gide).

Le Navire

Nous avancions tranquillement sous les étoiles ;
La lune oblique errait autour du vaisseau clair,
Et l'étagement blanc des vergues et des voiles
Projetait sa grande ombre au large sur la mer.

La froide pureté de la nuit embrasée
Scintillait dans l'espace et frissonnait sur l'eau ;
On voyait circuler la grande Ourse et Persée
Comme en des cirques d'ombre éclatante, là-haut.

Dans le mât d'artimon et le mât de misaine,
De l'arrière à l'avant où se dardaient les feux,
Des ordres, nets et continus comme des chaînes,
Se transmettaient soudain et se nouaient entre eux.

Chaque geste servait à quelque autre plus large
Et lui vouait l'instant de son utile ardeur,
Et la vague portant la carène et sa charge
Leur donnait pour support sa lucide splendeur.

La belle immensité exaltait la gabarre
Dont l'étrave marquait les flots d'un long chemin ;
L'homme, qui maintenait à contre-vent la barre,
Sentait vibrer tout le navire entre ses mains.

Il tanguait sur l'effroi, la mort et les abîmes,
D'accord avec chaque astre et chaque volonté,
Et maîtrisant ainsi les forces unanimes,
Semblait dompter et s'asservir l'éternité.

Taken from the collection *Les Rythmes souverains* (1910), *Le Navire* shows us Verhaeren rejoicing in human effort and achievement, the 'sovereign rhythms' of men. The night is pure and the constellations are wheeling on high as the boat moves through the water under the control of its crew. Their shouted orders form some real and unbreakable thing ('des ordres, nets et continus comme des chaînes'), a force that subdues fear, death, the abyss. On this fair night with the boat running so surely, man, thinks the poet, seems the measure of all things and the master of his fate. The tone is noble, and the rhythms contain a vibrant muscularity.

Lorsque tu fermeras...

Lorsque tu fermeras mes yeux à la lumière,
Baise-les longuement, car ils t'auront donné
Tout ce qui peut tenir d'amour passionné
Dans la dernier regard de leur ferveur dernière.

Sous l'immobile éclat du funèbre flambeau,
Penche vers leur adieu ton triste et beau visage
Pour que s'imprime et dure en eux la seule image
Qu'ils garderont dans le tombeau.

Et que je sente, avant que le cercueil se cloue,
Sur le lit pur et blanc se rejoindre nos mains
Et que près de mon front sur les pâles coussins,
Une suprême fois se repose ta joue.

Et qu'après je m'en aille au loin avec mon cœur,
Qui te conservera une flamme si forte
Que même à travers la terre compacte et morte
Les autres morts en sentiront l'ardeur !

This poem appeared in 1911 in *Les Heures du soir*, a collection dedicated to the poet's wife. His words, imbued with a tender gravity, are the expression of his total love for her—love to which a profound resonance is given as he imagines himself already dead, feeling her last kiss, her last look, her last touch. There is not for him the religious consolation of another life; yet he has the certainty of an enduring love which will be so strong as to survive death, and make even the dead aware of its ardour.

Jules Laforgue
1860-87

Laforgue's life was spent partly in Uruguay where he was born, partly in France, and partly (1881-6) in Germany; but he had hardly the time to grow up before his sudden death from tuberculosis at the age of twenty-seven. There is certainly an immaturity about Laforgue's attitude, and also something closely resembling nervous depression. Yet this sadness, this innocence, gives his work a unique tone, which has made it particularly attractive to many writers such as T. S. Eliot and Ezra Pound. Beginning with verse which was strongly influenced by Baudelaire and the German poet Heinrich Heine, he quickly developed an original style in which, recapturing the plaintive note of certain folk-songs, the poet wryly, despairingly, considers the world's, and his own, loneliness and suffering.

Dimanches

Le ciel pleut sans but, sans que rien l'émeuve,
Il pleut, il pleut, bergère ! sur le fleuve...

Le fleuve a son repos dominical ;
Pas un chaland, en amont, en aval.

Les Vêpres carillonnent sur la ville,
Les berges sont désertes, sans idylles.

Passe un pensionnat (ô pauvres chairs !)
Plusieurs ont déjà leurs manchons d'hiver.

Une qui n'a ni manchon, ni fourrures
Fait, tout en gris, une pauvre figure.

Et la voilà qui s'échappe des rangs,
Et court ! ô mon Dieu, qu'est-ce qu'il lui prend ?

Et elle va se jeter dans le fleuve !
Pas un batelier, pas un chien Terr'Neuve.

Le crépuscule vient ; le petit port
Allume ses feux (Ah ! connu, l'décor !).

La pluie continue à mouiller le fleuve,
Le ciel pleut sans but, sans que rien l'émeuve.

This poem appeared in October 1887, two months after Laforgue's sudden death, and was later included in the collection entitled *Des Fleurs de bonne volonté*. In Laforgue's decasyllables the world is a desolate Sunday at the beginning of winter: the echo of a popular song ('Il pleut, bergère...') only serves to emphasize the melancholy scene from which there is no escape, except death. The young girl drowns herself, but nothing moves to save her, the world does not change the expression on its face. First and foremost we note Laforgue's pathetic tone, but here, as usual, it is suffused with a sad little humour in its parentheses and the affected familiarity of omitted syllables in st. 7 and 8.

Il était un petit navire...

Il était un petit navire
Où Ugolin mena ses fils,
Sous prétexte, le vieux vampire !
De les fair' voyager gratis.

Au bout de cinq à six semaines,
Les vivres vinrent à manquer,
Il dit : Vous mettez pas en peine ;
Mes fils n'm'ont jamais dégoûté !

On tira z'à la courte paille,
Formalité ! raffinement !
Car cet homme, il n'avait d'entrailles
Qu'pour en calmer les tiraill'ments.

Et donc, stoïque et légendaire,
Ugolin mangea ses enfants,
Afin d'leur conserver un père...
Oh ! quand j'y song', mon cœur se fend.

Si cette histoire vous embête,
C'est que vous êtes un sans-cœur !
Ah ! j'ai du cœur par d'ssus la tête,
Oh ! rien partout que rir's moqueurs !...

These lines are also taken from *Des Fleurs de bonne volonté*. Laforgue has made use of the folk-song 'Il était un petit navire / Qui n'avait ja-ja-jamais navigué,' and of the legend of Ugolino della Cherardesca who was reputed to have eaten his own sons, but has retold them in his own diction and tone. His humour, with its apparent detachment yet real pathos, is constant throughout. We notice that the mute *e*'s are elided on several occasions; in st. 3 there is an incorrect liaison; and a *ne* is omitted before the verb in l. 7: all of this is in conformity with the practice of well-known French folk-songs.

Francis Jammes
1868-1938

'My style stammers, but I have told the truth I knew. . . . My heart, to be true to itself, has spoken like a child.' Certainly Jammes's poetry contains little of the inevitable harmonies that we find, for instance, in Verlaine, but there is in his tone and words a rare freshness and natural simplicity: it is the voice of a man who has lived all his life close to nature. He was born at Tournay in the Hautes Pyrénées, went to school at Pau and Bordeaux, and then settled in the small Pyrenean town of Orthez. His first poems published in 1891 did not have a wide circulation, but won him some favour; a few years later a whole group of influential writers in Paris were hailing his work for the note of naturalness it brought into contemporary poetry ('toutes choses', he wrote in 1897, 'toutes choses sont bonnes à décrire lorsqu'elles sont naturelles'). In 1905 Jammes was converted to Roman Catholicism. Throughout his long career as a writer, he published novels, stories and essays as well as many collections of poems which, while not being of the highest order, move us by a particular blend of regional 'aroma', directness of tone, and their Franciscan faith.

Prière pour aller au paradis avec les ânes

Lorsqu'il faudra aller vers vous, ô mon Dieu, faites
que ce soit par un jour où la campagne en fête
poudroiera. Je désire, ainsi que je fis ici-bas,
choisir un chemin pour aller, comme il me plaira,
au Paradis, où sont en plein jour les étoiles.

Je prendrai mon bâton et sur la grande route
j'irai, et je dirai aux ânes, mes amis :
Je suis Francis Jammes et je vais au Paradis,
car il n'y a pas d'enfer au pays du Bon-Dieu.
Je leur dirai : venez, doux amis du ciel bleu,
pauvres bêtes chéries qui, d'un brusque mouvement
   d'oreille,
chassez les mouches plates, les coups et les abeilles...
Que je Vous apparaisse au milieu de ces bêtes
que j'aime tant parce qu'elles baissent la tête
doucement, et s'arrêtent en joignant leurs petits pieds
d'une façon bien douce et qui vous fait pitié.
J'arriverai suivi de leurs milliers d'oreilles,
suivi de ceux qui portèrent au flanc des corbeilles,
de ceux traînant des voitures de saltimbanques
ou des voitures de plumeaux et de fer-blanc,
de ceux qui ont au dos des bidons bossués,
des ânesses pleines comme des outres, aux pas cassés,
de ceux à qui l'on met de petits pantalons
à cause des plaies bleues et suintantes que font
les mouches entêtées qui s'y groupent en ronds.
Mon Dieu, faites qu'avec ces ânes je Vous vienne.
Faites que, dans la paix, des anges nous conduisent
vers des ruisseaux touffus où tremblent des cerises
lisses comme la chair qui rit des jeunes filles,
et faites que, penché dans ce séjour des âmes,
sur vos divines eaux, je sois pareil aux ânes
qui mireront leur humble et douce pauvreté
à la limpidité de l'amour éternel.

This was included in the volume *Quatorze Prières* (1898). The
form is unusual: the great majority of the lines are regular alexandrines, but there are also lines of thirteen, fourteen and one
of fifteen syllables (l. 11). Likewise the rhyming is free, and consists more often of assonance (identity of vowel-sounds only) than
of classical rhyme. It will be seen from these observations that
Jammes in this poem, while keeping certain elements of regularity, has sought above all the simple conversational tone of
a plain man speaking to God. The subject is also simple: Jammes
lived in a region of France where donkeys were commonly used

as beasts of burden and he felt sympathy for their suffering. Was he not like one of them? 'Mon Dieu... je passe sur la route comme un âne chargé dont rient les enfants et qui baisse la tête. Je m'en irai où vous voudrez, quand vous voudrez.' In the image of the donkey the memory of Palm Sunday and Jesus's coming to Jerusalem on a donkey is also certainly present to the mind of the Christian Jammes.

J'allais dans le verger...

J'allais dans le verger où les framboises au soleil
chantent sous l'azur à cause des mouches à miel.
C'est d'un âge très jeune que je vous parle.
Près des montagnes je suis né, près des montagnes.
Et je sens bien maintenant que dans mon âme
il y a de la neige, des torrents couleur de givre
et de grands pics cassés où il y a des oiseaux
de proie qui planent dans un air qui rend ivre,
dans un vent qui fouette les neiges et les eaux.

Oui, je sens bien que je suis comme les montagnes.
Ma tristesse a la couleur de gentianes qui y croissent.
Je dus avoir, dans ma famille, des herborisateurs
naïfs, avec des boîtes couleur d'insecte vert,
qui, par les après-midi d'horrible chaleur,
s'enfonçaient dans l'ombre glacée des forêts,
à la recherche d'échantillons précieux
qu'ils n'eussent point échangés pour les vieux
trésors des magiciens des Bagdads merveilleuses
où les jets d'eau ont des fraîcheurs endormeuses.
Mon amour a la tendresse d'un arc-en-ciel
après une pluie d'avril où chante le soleil.
Pourquoi ai-je l'existence que j'ai ?... N'étais-je fait
pour vivre sur les sommets, dans l'éparpillement
de neige des troupeaux, avec un haut bâton,
à l'heure où on est grandi par la paix du jour qui tombe ?

This poem was included in the collection *De l'angélus de l'aube à l'angélus du soir* (1898). Once again, as in Jammes's *Prière*, the regular alexandrine is not adhered to; rhyme is used on a few occasions, but the tone and style are purposely close to conversation. The poet is speaking to someone, no doubt a child, but his nostalgic memories of his own childhood are evoked above all for himself. The calm meandering monologue, less and less concerned with the 'vous' of the third line, follows its own line of associations and self-discovery.

Ce sont les travaux...

Ce sont les travaux de l'homme qui sont grands :
celui qui met le lait dans les vases de bois,
celui qui cueille les épis de blé piquants et droits,
celui qui garde les vaches près des aulnes frais,
celui qui fait saigner les bouleaux des forêts,
celui qui tord, près des ruisseaux vifs, les osiers,
celui qui raccommode les vieux souliers
près d'un foyer obscur, d'un vieux chat galeux,
d'un merle qui dort et des enfants heureux ;
celui qui tisse et fait un bruit retombant,
lorsqu'à minuit les grillons chantent aigrement ;
celui qui fait le pain, celui qui fait le vin,
celui qui sème l'ail et les choux au jardin,
celui qui recueille les œufs tièdes.

These lines are taken from Jammes' early collection *De l'angélus de l'aube à l'angélus du soir*. As so frequently in his work he uses approximate alexandrines, not those that tradition prescribes; he also begins and ends on a non-rhyme, although the twelve other lines form rhyming couplets. His tone is calm and precise as he defines man's greatness which lies for him, not in the intellect or emotions, but in the humble round of his toil. The enumeration strikes us by the way it embraces simplicity, in the same way as the theme; but the words have a concrete freshness that marks a welcome note in French poetry (for instance, 'épis piquants et droits', 'ruisseaux vifs', 'œufs tièdes').

Le village à midi

Le village à midi. La mouche d'or bourdonne
entre les cornes des bœufs.
Nous irons, si tu le veux,
si tu le veux, dans la campagne monotone.

Entends le coq... Entends la cloche... Entends le paon...
    Entends là-bas, là-bas, l'âne...
    L'hirondelle noire plane.
Les peupliers au loin s'en vont comme un ruban.

Le puits rongé de mousse ! Ecoute sa poulie
    qui grince, qui grince encor,
    car la fille aux cheveux d'or,
tient le vieux seau tout noir d'où l'argent tombe en pluie.

La fillette s'en va d'un pas qui fait pencher
    sur sa tête d'or la cruche,
    sa tête comme une ruche,
qui se mêle au soleil sous les fleurs du pêcher.

Et dans le bourg voici que les toits noircis lancent
    au ciel bleu des flocons bleus :
    et les arbres paresseux
à l'horizon qui vibre à peine se balancent.

Jammes draws on an intimate knowledge of his native region to give us a poem that is warm with details of life in a village of the Pyrenees. The time is midday and we are invited to take a stroll, watching, listening to all that is happening. Everything is as usual and yet it takes on beauty and goodness, like the bucket dripping drops of silver, or the girl's golden hair beneath the peach blossom. The five stanzas combine alexandrines and heptasyllables in an unusual manner, marrying the *pair* and the *impair*; while the repetition of words and phrases lends a dance-like quality to the lyrical pattern.

Paul Claudel
1868-1955

Throughout his long career as a distinguished French diplomat Claudel found time to pursue a voluminous creative work in many fields. He was one of the finest dramatists of his time, obtaining deserved acclaim for plays like *L'Annonce faite à Marie* (1911) and *Le Soulier de satin* (1924); he also wrote prose of great force and unmistakable character that ranges in kind from art-criticism (*L'Œil écoute*) to Biblical commentary (*Paul Claudel interroge l'Apocalypse*); above all perhaps he composed some of the most admirable poems in the French language (*Cinq Grandes Odes, La Cantate à trois voix, Corona benignitatis anni Dei*). Direct yet highly organized, his expression turns around the central reality of Christian faith and sacrifice which orientated his thought from 1886, the year of his conversion: 'Il n'y a pas de privilège plus grand que le sacrifice', he wrote. 'C'est le couronnement de la liberté.'

Paysage français

La rivière sans se dépêcher
Arrive au fond de la vallée

Assez large pour qu'un pont
La traverse d'un seul bond

Le clocher par-dessus la ville
Annonce une heure tranquille

Le dîner sera bientôt prêt
Tout le monde l'attend, au frais,

On entend les gens qui causent
Les jardins sont pleins de roses

Le rose propage et propose
L'ombre rouge à l'ombre rose

La campagne fait le pain
La colline fait le vin

C'est une sainte besogne
Le vin, c'est le vin de Bourgogne !

Le citoyen fort et farouche
Porte son verre à sa bouche

Mais la poule pousse affairée
Sa poulaille au poulailler

Tout le monde a fait son devoir
En voilà jusqu'à ce soir.

Le soleil dit :
Il est midi.

As in *Sieste*, Claudel uses a series of approximate octosyllables
to express the tranquillity of a country scene on a hot summer's
day. Composed in 1935, it takes for its setting a landscape in
Burgundy, the region of wine and wheat. The family is seated in
the shade; the midday meal is being prepared; and on all sides
nature and men have done their duty and earned their rest. The
poet takes delight in adding one smiling detail to another, playing (as he does in the sixth and tenth couplets) with words and
sounds that combine in a happy game, and concluding on two
tetrasyllables that fancifully resume this moment of fullness.

Sieste

Deux heures après dîner
Il est temps de se reposer

Ni mouvement aucun bruit
Deux heures après midi

Un chien prudent vient inspecter
La terrasse du café

Tout est fermé à la Mairie
Idem à la gendarmerie

Dans le vide de l'église
Le crucifix agonise

Le jet d'eau chez le notaire
Suit son rêve protocolaire

Mais la chambre silencieuse
Dégage une odeur ombreuse

De feuillage et de lilas
De cire et de chocolat

Dans la corbeille à ouvrage
Le livre abandonné surnage

Et l'œil sous le long cil éteint
Tenant sa main avec sa main

Insensible à travers le store
Au rayon qui la colore

Sommeille dans le demi-soleil
Une jeune fille vermeille.

Claudel captures an atmosphere of summer warmth and drowsiness in these twelve rhyming couplets written in 1936. He evokes a French country town (no doubt Brangues in the Isère, where he spent the latter part of his life) at two o'clock on a hot afternoon. Outside no one is stirring; the only activity is that of a dog who conducts his private surveillance, and the eternal sacrifice of Christ on the cross, and the punctual solitary flow of a fountain. Nor is there movement inside: the second half of the poem, opening on the conjunction 'Mais', describes a shaded room redolent with the smell of chocolate and polishing wax, lilacs and leaves. A book seems to be floating on top of the sewing-basket, discarded by the girl who now lies asleep, transformed by the light of the sun as it passes through the blind. Thus, by small touches, the poem proceeds calmly to the rich colour of its last word.

l. 8: *idem*, likewise (the word suggests the administrative jargon of the town-hall and the police barracks)

La Vierge à midi

Il est midi. Je vois l'église ouverte. Il faut entrer.
Mère de Jésus-Christ, je ne viens pas prier.

Je n'ai rien à offrir et rien à demander.
Je viens seulement, Mère, pour vous regarder.

Vous regarder, pleurer de bonheur, savoir cela
Que je suis votre fils et que vous êtes là.

Rien que pour un moment pendant que tout s'arrête.
Midi !
Etre avec vous, Marie, en ce lieu où vous êtes.

Ne rien dire, regarder votre visage,
Laisser le cœur chanter dans son propre langage,

Ne rien dire, mais seulement chanter parce qu'on a le
cœur trop plein,
Comme le merle qui suit son idée en ces espèces de couplets
soudains.

Parce que vous êtes belle, parce que vous êtes immaculée,
La femme dans la Grâce enfin restituée,

La créature dans son honneur premier et dans son épanouissement final,
Telle qu'elle est sortie de Dieu au matin de sa splendeur
originale.

Intacte ineffablement parce que vous êtes la Mère de Jésus-
Christ,
Qui est la vérité entre vos bras, et la seule espérance et le
seul fruit.

Parce que vous êtes la femme, l'Éden de l'ancienne tendresse
oublié,
Dont le regard trouve le cœur tout à fait et fait jaillir les
larmes accumulées,

Parce que vous m'avez sauvé, parce que vous avez sauvé la
France,
Parce qu'elle aussi, comme moi, pour vous fut cette chose
à laquelle on pense,

Parce qu'à l'heure où tout craquait, c'est alors que vous
êtes intervenue,
Parce que vous avez sauvé la France une fois de plus,

Parce qu'il est midi, parce que nous sommes en ce jour
d'aujourd'hui,
Parce que vous êtes là pour toujours, simplement parce
que vous êtes Marie, simplement parce que vous existez,

Mère de Jésus-Christ, soyez remerciée !

La Vierge à midi was written in 1915 in memory of the first
Battle of the Marne that halted the German advance. It is a
deeply moving poem in which Claudel expresses his gratitude to
the Virgin, who is for him the source and end of tenderness and
beauty, for having saved France. His words are those of ordinary
speech, but they fall into the pattern of liturgical couplets that
have no metrical regularity. At midday—this point of time when
time, in the image of eternity, appears to stand still—the poet
enters a church to count his joys. He exults in the moment and
place, in the knowledge that the present is sacred and that he can
give himself over to it completely just as his words express
nothing but the simplicity of praise.

L'Escargot

Tout au fond de l'escargot vide,
Se trouve un palais splendide,
Orné d'un miroir si petit
Que, pour y voir comme on est mis,
Il faut être une fourmi.

Claudel wrote sixteen poems on the theme of the snail at various periods of his life. They are short and pithy, and give us the
chance to enjoy the poet's excellent wit. The lines above were
written in the United States in 1931, during a brief stay in the
countryside. They lead us inside the shell to the snail's inner
palace, and to a mirror hidden away so discreetly that only an
ant can use it. Our pleasure comes from the delicacy of the images
and from the way the verse seems to imitate the very progression
towards smallness.

L'Escargot alpiniste

L'escargot à l'escalade
Sac au dos s'est mis en campagne
L'escargot à l'escalade
Va digérer la montagne.

Published in 1936, *L'Escargot alpiniste* presents the image of earnestness. Claudel sees the snail as a mountaineer setting out for the summit with a haversack on his back, ready to 'consume' the peak; and he delights us with his metaphor, his play on words ('L'escargot à l'escalade...'), and the contrast he draws between snail and mountain.

Dissipabitur capparis

Le temps a fui
Mars est fini
Tu n'es plus jeune, mais vieux.
— Tant pis, dit-il, et tant mieux !

Mars est fini
Novembre aussi
Où sont tes jambes et tes yeux ?
— Tant pis, dit-il, et tant mieux !

Fini l'amour !
Pauvre vieux sourd !
Finis, les fêtes et les jeux !
— Tant pis, dit-il, et tant mieux !

La route est dure
La mort est sûre
Chaque tournant est dangereux.
— Tant pis, dit-il, et tant mieux !

Le temps a fui
Tout est fini —
Il reste Dieu !
— Tant pis, dit-il, et tant mieux !

The Latin title of this poem is taken from *Ecclesiastes* (XII, 5) in which we read: 'Yet the almond-tree is in flower, the grasshopper is heavy with food, *and the caper bush bears its fruit,* while man goes to his everlasting home' (*Jerusalem Bible*). Written in 1935, on the eve of Claudel's retirement as French Ambassador to Belgium, it expresses his reconciliation to the passing of all things—'Tant pis !'—for God remains and nothing else matters—'Tant mieux !' The poet speaks of the transiency of time, of youth, games, love, good legs and eyes, and accepts it with an amused detachment that is reinforced by the refrain and the prosodic shift in each stanza. In the last lines an additional change is rung on the pattern as three tetrasyllables followed by a heptasyllable point up admirably the continuing presence of God that takes the sting out of age and loss.

l. 10: *Pauvre vieux sourd,* Claudel was hard of hearing

Paul Valéry
1871-1945

Valéry held that the influence of the Mediterranean town of Sète where he was born, with its clear and brilliant sunlight, was preponderant in the formation of his intellect and sensibility. From the age of fourteen he wrote precocious verse; but following a kind of intellectual crisis in 1892 ('nuit glacée, archi-pure'), he undertook an active linguistic and mental analysis, refusing to submit passively to the dictates of inspiration. This necessarily led him away from the composition of poetry as an end in itself, and it was not until the year immediately preceding World War I that he revised the poems he had written during his adolescence. At the same time, as if imbued with a new and urgent desire to write, he began composing some magnificent verse. Forgoing narrative and description, he attempts to delimit a sphere of 'pure' poetry which speaks with the inner voice of the intellectual sensibility, or 'soul' ('la plus belle poésie a la voix d'une femme idéale, Mlle Âme'). His masterpiece, *La Jeune Parque,* appeared in 1917, and twenty-one shorter poems (*Charmes*) five years later. Valéry wrote little poetry after 1922, but he became a well-known public figure, a member of the Académie Française, and French delegate to the Committee for Intellectual Co-operation.

Les Pas

Tes pas, enfants de mon silence,
Saintement, lentement placés,
Vers le lit de ma vigilance
Procèdent muets et glacés.

Personne pure, ombre divine,
Qu'ils sont doux, tes pas retenus !
Dieux !... tous les dons que je devine
Viennent à moi sur ces pieds nus !

Si, de tes lèvres avancées,
Tu prépares pour l'apaiser,
A l'habitant de mes pensées
La nourriture d'un baiser,

Ne hâte pas cet acte tendre,
Douceur d'être et de n'être pas,
Car j'ai vécu de vous attendre,
Et mon cœur n'était que vos pas.

These sixteen octosyllables, published in 1921, provide us with an example of Valéry's supreme artistry. Imagine here the coming of poetic inspiration which is born out of the poet's own silence. The muse advances with holy steps and the poet is waiting, exulting in her unhurried grace. He thinks of the future kiss, but asks her not to hasten her arrival, for this moment of expectation is itself beautiful, and all his past life, and each beat of his heart, has been nothing but a way of preparing this joy of inspiration he now knows.

La Distraite

Daigne, Laure, au retour de la saison des pluies,
Présence parfumée, épaule qui t'appuies
Sur ma tendresse lente attentive à tes pas,
Laure, très beau regard qui ne regarde pas,
Daigne, tête aux grands yeux qui dans les cieux t'égares,
Tandis qu'à pas rêveurs, tes pieds voués aux mares
Trempent aux clairs miroirs dans la boue arrondis,
Daigne, chère, écouter les choses que tu dis...

First published in 1939 in the volume *Mélange*, *La Distraite* was probably written in 1917; at least a first version of the opening lines is to be found in a notebook of that year: 'Daigne, chère, au début de la saison des pluies... Daigne, chère, toi qui pâle à mon bras t'appuies...' The final version shows above all a delight in sound for its own sake, as well as an exquisite control of parenthesis which holds up the simple and playful statement of the poem ('deign to listen to what you are saying') until the very last line. The aged poet smiles at the charming distracttion of his young friend and his tone is one of gentle amusement.

Neige

Quel silence, battu d'un simple bruit de bêche !...

Je m'éveille, attendu par cette neige fraîche
Qui me saisit au creux de ma chère chaleur.
Mes yeux trouvent un jour d'une dure pâleur
Et ma chair langoureuse a peur de l'innocence.
Oh ! combien de flocons, pendant ma douce absence,
Durent les sombres cieux perdre toute la nuit !
Quel pur désert tombé des ténèbres sans bruit
Vint effacer les traits de la terre enchantée
Sous cette ample candeur sourdement augmentée
Et la fondre en un lieu sans visage et sans voix
Où le regard perdu relève quelques toits
Qui cachent leur trésor de vie accoutumée
À peine offrant le vœu d'une vague fumée.

Like the preceding poem, *Neige* first appeared in *Mélange* and was included in 1942 among the *Pièces diverses*. Taking a theme that has often been treated, Valéry conceives it in original and beautiful terms. The world the poet finds on waking is changed: snow has fallen, and he is aware first of all of a strange quality of silence whose depth is marked by the solitary noise of a spade; he realizes also that a violent coldness has penetrated the warmth of his body. The snow's mysterious power has taken charge, and inspires the poet with fear of its harshness and virgin innocence. Out of black night has come this whiteness; and, replacing the familiar features of nature, a featureless landscape would seem to have banished all life, were it not for faint smoke that indicates, however fraily, the presence of homes and their inhabitants. The movement of this short poem is striking, the sensuousness of language, so remarkable in the first lines, being gradually attenuated until we reach the wistful tone and image of the last couplet.

Guillaume Apollinaire
1880-1918

Apollinaire (the pen-name of Wilhelm Apollinaris de Kostrowitsky) was born in Rome of a Polish mother and an Italian father. He spent his childhood and adolescence in Monaco on the French Riviera, before travels in Belgium, Germany, Austria-Hungary and England. In 1904 he settled in Paris and grew passionately interested in the work of Picasso, Matisse and other young painters, whose leading exponent he became. (A revised version of his articles was published in 1913: *Les Peintres cubistes*.) During this period his finest poetry was also being written. 'Chacun de mes poèmes commémore un événement de ma vie', he once wrote; and indeed his subject is essentially memory, its note of tension arising from a passionate dialogue between present solitude and past joy. After 1913, when his first major collection (*Alcools*) appeared, a renewal of inspiration took place, which was developed during his service on the Western Front (1915-16). In 1916 however he was severely wounded by a shell-blast and, although he attempted to take up his career again in Paris, he was weakened physically, and succumbed to the Spanish grippe at the end of 1918.

Aquarelliste

Yvonne sérieuse au visage pâlot
A pris du papier blanc et des couleurs à l'eau,
Puis rempli ses godets d'eau claire à la cuisine.
Yvonnette aujourd'hui veut peindre. Elle imagine
De quoi serait capable un peintre de sept ans.

Fera-t-elle un portrait ? Il faudrait trop de temps
Et puis la ressemblance est un point difficile
À saisir ; il vaut mieux peindre de l'immobile ;
Et parmi l'immobile inclus dans sa raison,
Yvonnette a fait choix d'une belle maison
Et la peint toute une heure en enfant douce et sage.
Derrière la maison s'étend un paysage
Paisible comme un front pensif d'enfant heureux,
Un paysage vert avec des monts ocreux.
Or plus haut que le toit d'un rouge de blessure
Monte un ciel de cinabre où nul jour ne s'azure.
Quand j'étais tout petit aux cheveux longs rêvant,
Quand je stellais le ciel de mes ballons d'enfant,
Je peignais comme toi, ma mignonne Yvonnette,
Des paysages verts avec la maisonnette,
Mais au lieu d'un ciel triste et jamais azuré
J'ai peint toujours le ciel très bleu comme le vrai.

In this early poem composed when Apollinaire was only twenty
we find a discursive style which is quite unlike that of his later
poetry, but successful in its own way. It is a description of a child
painting, together with the words the poet speaks to her (ll. 17-22).
There is tender detail with respect to the 'seven-year-old painter'
as she sets about her water-colours and decides what she will paint
(hence the use of diminutives like 'Yvonnette' and 'pâlot') . Finally
Apollinaire recalls his own drawings when he was a child, con-
trasting their brightness with the sad sky Yvonne has depicted;
and indeed, he says, the real sky is truly blue ('comme le vrai') as
he has come to realize. The poem contains then this simple lesson,
offered with the charm of naïve language that is wholly suited to
the theme.

Les Sapins

Les sapins en bonnets pointus
De longues robes revêtus
    Comme des astrologues
Saluent leurs frères abattus
Les bateaux qui sur le Rhin voguent

vers "impaire"
"not even"

rhyme suffisant

Dans les sept arts endoctrinés
Par les vieux sapins leurs aînés
　　　Qui sont de grands poètes
Ils se savent prédestinés
À briller plus que des planètes

À briller doucement changés
En étoiles et enneigés
　　　Aux Noëls bienheureuses
Fêtes des sapins ensongés
Aux longues branches langoureuses

Les sapins beaux musiciens
Chantent des noëls anciens
　　　Au vent des soirs d'automne
Ou bien graves magiciens
Incantent le ciel quand il tonne

Des rangées de blancs chérubins
Remplacent l'hiver les sapins
　　　Et balancent leurs ailes
L'été ce sont de grands rabbins
Ou bien de vieilles demoiselles...

Sapins médecins divagants
Ils vont offrant leurs bons onguents
　　　Quand la montagne accouche
De temps en temps sous l'ouragan
Un vieux sapin geint et se couche....

Composed in 1901, *Les Sapins* is one of a series of poems that draw on Apollinaire's experience of the Rhineland. Here he takes the theme of fir-trees, so strong in the Germanic tradition, and brings out the protean transformations they undergo: he sees them as ceremonious astrologers who overlook the Rhine; who shine like planets when winter comes and Christmas bedecks them with snow; who sing ancient carols on autumn nights; who cast a spell on the sky; who are white cherubim, or rabbis, or spinsters, or travelling doctors who give their balm to the mountain when it groans beneath the storm. Thus the trees are not any one thing but various elements—visual, auditory and fanciful—that are magically interwoven into a single substance.

Le Pont Mirabeau

Sous le pont Mirabeau coule la Seine
    Et nos amours
  Faut-il qu'il m'en souvienne
La joie venait toujours après la peine

      Vienne la nuit sonne l'heure
      Les jours s'en vont je demeure

Les mains dans les mains restons face à face
    Tandis que sous
  Le pont de nos bras passe
Des éternels regards l'onde si lasse

      Vienne la nuit sonne l'heure
      Les jours s'en vont je demeure

L'amour s'en va comme cette eau courante
    L'amour s'en va
  Comme la vie est lente
Et comme l'Espérance est violente

      Vienne la nuit sonne l'heure
      Les jours s'en vont je demeure

Passent les jours et passent les semaines
    Ni temps passé
  Ni les amours reviennent
Sous le pont Mirabeau coule la Seine

      Vienne la nuit sonne l'heure
      Les jours s'en vont je demeure

Undoubtedly written about the end of 1911, *Le Pont Mirabeau* is the song of time and love that pass as the Seine flows beneath the Mirabeau Bridge. Our hopes are violent, and the joy that comes after pain makes us forget love's transiency; but when love has died, the memories of past happiness and hope become bitter. In the midst of this knowledge the refrain recurs with increasing force: let the clock sound the hour, the poet is resigned to time's passing; his own self remains firm, but only to suffer a perpetual solitude ('je demeure').

l. 1: *le pont Mirabeau,* a well-known bridge in Paris not far from the district of Auteuil where Apollinaire lived

Crépuscule

Frôlée par les ombres des morts
Sur l'herbe où le jour s'exténue
L'arlequine s'est mise nue
Et dans l'étang mire son corps

Un charlatan crépusculaire
Vante les tours que l'on va faire
Le ciel sans teinte est constellé
D'astres pâles comme du lait

Sur les tréteaux l'arlequin blême
Salue d'abord les spectateurs
Des sorciers venus de Bohême
Quelques fées et les enchanteurs

Ayant décroché une étoile
Il la manie à bras tendu
Tandis que des pieds un pendu
Sonne en mesure les cymbales

L'aveugle berce un bel enfant
La biche passe avec ses faons
Le nain regarde d'un air triste
Grandir l'arlequin trismégiste

Published in February 1909, *Crépuscule* presents a fanciful tableau: it is the coming of night and of the shadows of death, when things have lost their usual substance. The world is now peopled with clowns, magicians, fairies; and the pale Harlequin twirls a star to the sound of cymbals struck by a hanged man. Nothing is real, and yet out of the reflection and merging of day in night, life in death, the poet evokes a wondrous scene as of some unexplained myth. The washlike colours, the gratuitous yet gracious forms in this poem make us think that Apollinaire was perhaps inspired by the early paintings of his friend Picasso, as well as by the work of Verlaine.

l. 20: *trismégiste*, thrice great, like Hermes Trismegistus, god of magic and alchemy

Jules Supervielle
1884-1960

'Ce poète insaisissable et charmant qui tient de l'oiseau et de la fée...' (Claudel). The elusiveness of a bird and a magic charm are indeed qualities of this poet who since 1900, when his first collection of verse appeared, has continuously delighted his readers. Like Laforgue ('mon furtif nourricier'), Supervielle was born in Uruguay, where he spent his early years. He was educated in France, however, and despite many sojourns in his native country, has lived most of his life in Paris. His work has taken several forms—short stories, novels, drama—but it is undoubtedly by his poems above all that his name will endure. The manner is frequently discursive as a scene is set or a tale is told; but at the same time we find, as it were, a fable of humanity, an intimate truth we recognize. The poet himself does not intrude with a loud voice but invites us to make our own deductions.

Dans la forêt sans heures

Dans la forêt sans heures
On abat un grand arbre.
Un vide vertical
Tremble en forme de fût
Près du tronc étendu.

Cherchez, cherchez oiseaux,
La place de vos nids
Dans ce haut souvenir
Tant qu'il murmure encore.

This poem was published in the collection *Le Forçat innocent* (1930). Composed of only nine hexasyllables, it evokes a host of suggestions and analogies. In some timeless forest a tree is felled: where once its proud trunk rose the poet imagines an upright form remaining; an airy and unsubstantial bole, the memory of the tree that was, in which birds can still—but only for a short time—seek their nests. Are we to take this simply as Supervielle's fanciful musing on nature? Is it not also directly suggestive of the death of a dear friend, and the lingering form that hovers behind in our memory, tender and yet already fading, in which those that love attempt to rediscover the person they knew?

Hommage à la vie

C'est beau d'avoir élu
Domicile vivant
Et de loger le temps
Dans un cœur continu,
Et d'avoir vu ses mains
Se poser sur le monde
Comme sur une pomme
Dans un petit jardin,
D'avoir aimé la terre,
La lune et le soleil,
Comme des familiers
Qui n'ont pas leurs pareils,
Et d'avoir confié
Le monde à sa mémoire
Comme un clair cavalier
À sa monture noire,
D'avoir donné visage
À ces mots : femme, enfants,
Et servi de rivage
À d'errants continents,
Et d'avoir atteint l'âme
À petits coups de rame
Pour ne l'effaroucher
D'une brusque approchée.
C'est beau d'avoir connu
L'ombre sous le feuillage
Et d'avoir senti l'âge
Ramper sur le corps nu,
Accompagné la peine
Du sang noir dans nos veines
Et doré son silence
De l'étoile Patience,
Et d'avoir tous ces mots
Qui bougent dans la tête,
De choisir les moins beaux
Pour leur faire un peu fête,
D'avoir senti la vie

Hâtive et mal aimée,
De l'avoir enfermée
Dans cette poésie.

Hommage à la vie is taken from Supervielle's collection *Poèmes 1939-1945*; but, if it was composed during the war, it in no way reflects the turmoil of those years and is the poet's moving testimony, spoken in a familiar tone, to the tenderness of life. In its forty unpretentious hexasyllables arranged in a variety of rhyme schemes, it traces out the seven ages of man, from the gesture of taking hold of an apple, like the child's first eager contact with the world, to the recognition of time's inexorable passing and our need to learn the golden lesson of Patience. Suffering is not to be ignored, but, says the poet, it also is part of this life that goes by too quickly and that we fail to love as we should ('la vie hâtive et mal aimée'). Supervielle has taken the plainest words, the simplest details, and done them the honour of this poem, which he calls by the modest name children use for their verse: 'cette poésie'.

l. 2: *domicile vivant*, Supervielle, reworking a conventional phrase (*élire domicile*), humorously likens the body to a house
l. 23: *pour ne l'effaroucher*, so as not to frighten it (as a poetic licence Supervielle omits *pas* and thereby gives his phrase added lightness)

La Mer secrète

Quand nul ne la regarde,
La mer n'est plus la mer,
Elle est ce que nous sommes
Lorsque nul ne nous voit.
Elle a d'autres poissons,
D'autres vagues aussi.
C'est la mer pour la mer
Et pour ceux qui en rêvent,
Comme je fais ici.

Supervielle uses once again his favourite six-syllable line in this short poem that was included in *La Fable du Monde* (1938). He treats a theme that recurs on several occasions in his work: the virginity of the world which cannot be contemplated (for to contemplate is inevitably to interpret according to our own desires and fears), but imagined as in a dream. He thinks of the world as it really must be, as *itself*—resembling, the poet says, the spontaneous presence each man is within his heart, yet which no stranger can claim to have seen.

Paul Éluard

1895-1952

Of the generation of poets who came to maturity between the two world wars, Éluard is one of the few whose work has enduring value. Very little need be said about his career: apart from two years spent in a Swiss sanatorium in his youth, he lived almost solely in Paris, frequenting the *avant-garde* literary and artistic groups. Much of his best love-poetry was written in the 1920's but he continued to publish a good deal of verse throughout his lifetime. At its best his work has a direct tone and a concrete simplicity that is bright with light and yet expresses the intimate movements of the heart. During the last war he was one of the resistance writers, and *Liberté*, his ardent affirmation and promise of freedom when his country was least free, appeared in the collection *Poésie et Vérité* in 1942.

Bonne justice

C'est la chaude loi des hommes
Du raisin ils font du vin
Du charbon ils font du feu
Des baisers ils font des hommes

C'est la dure loi des hommes
Se garder intact malgré
Les guerres et la misère
Malgré les dangers de mort

C'est la douce loi des hommes
De changer l'eau en lumière
Le rêve en réalité
Et les ennemis en frères

Une loi vieille et nouvelle
Qui va se perfectionnant
Du fond du cœur de l'enfant
Jusqu'à la raison suprême.

Published in *Tout dire* (1951), *Bonne justice* catches a note that is rare in French poetry. Certainly its theme is not without relationship to that of some nineteenth-century poets, including

Victor Hugo, who sang of man's past, present and future with idealistic enthusiasm; but this slight poem pleases us by what seem largely opposite qualities to theirs: where they are most often diffuse and borne forward by prophetic visions, Éluard's words are terse and direct; his tone is simple, his heptasyllables disciplined. He sings and exalts the marvellous laws of human activity in their warmth, sternness and gentleness—age-old laws that are ever new. Men make wine out of grapes, fire out of coal, and out of human love they create men like themselves (st. 1). Then too there are wars and poverty and mortal dangers in which man must maintain his own identity, his integral rights (st. 2). He makes water into light (is not this the miracle of hydraulic power?), his dreams into reality, of former enemies—be they men or things—his friends (st. 3). In each man a law is working itself out from the first beat of a child's heart to his maturity; and this same law, as the poet suggests by the generality of his last line, is that which the whole of humanity will perfect by its united effort.

Liberté

Sur mes cahiers d'écolier
Sur mon pupitre et les arbres
Sur le sable sur la neige
J'écris ton nom

Sur toutes les pages lues
Sur toutes les pages blanches
Pierre sang papier ou cendre
J'écris ton nom

Sur les images dorées
Sur les armes des guerriers
Sur la couronne des rois
J'écris ton nom

Sur la jungle et le désert
Sur les nids sur les genêts
Sur l'écho de mon enfance
J'écris ton nom

Sur les merveilles des nuits
Sur le pain blanc des journées
Sur les saisons fiancées
J'écris ton nom

Sur tous mes chiffons d'azur
Sur l'étang soleil moisi
Sur le lac lune vivante
J'écris ton nom

Sur les champs sur l'horizon
Sur les ailes des oiseaux
Et sur le moulin des ombres
J'écris ton nom

Sur chaque bouffée d'aurore
Sur la mer sur les bateaux
Sur la montagne démente
J'écris ton nom

Sur la mousse des nuages
Sur les sueurs de l'orage
Sur la pluie épaisse et fade
J'écris ton nom

Sur les formes scintillantes
Sur les cloches des couleurs
Sur la vérité physique
J'écris ton nom

Sur les sentiers éveillés
Sur les routes déployées
Sur les places qui débordent
J'écris ton nom

Sur la lampe qui s'allume
Sur la lampe qui s'éteint
Sur mes maisons réunies
J'écris ton nom

Sur le fruit coupé en deux
Du miroir et de ma chambre
Sur mon lit coquille vide
J'écris ton nom

Sur mon chien gourmand et tendre
Sur ses oreilles dressées
Sur sa patte maladroite
J'écris ton nom

Sur le tremplin de ma porte
Sur les objets familiers
Sur le flot du feu béni
J'ecris ton nom

Sur toute chair accordée
Sur le front de mes amis
Sur chaque main qui se tend
J'écris ton nom

Sur la vitre des surprises
Sur les lèvres attentives
Bien au-dessus du silence
J'écris ton nom

Sur mes refuges détruits
Sur mes phares écroulés
Sur les murs de mon ennui
J'écris ton nom

Sur l'absence sans désir
Sur la solitude nue
Sur les marches de la mort
J'écris ton nom

Sur la santé revenue
Sur le risque disparu
Sur l'espoir sans souvenir
J'écris ton nom

Et par le pouvoir d'un mot
Je recommence ma vie
Je suis né pour te connaître
Pour te nommer

Liberté.

This poem is composed of a kaleidoscope of images, the diversity of things present in the mind of the poet. Our first impression may be that these images are disordered, but the poem does in fact trace the life of a man—the poet—from his childhood, the brilliant pictures of warriors and kings in the first books he read, the discovery of nature, adolescence and adventure, the houses he lived in, his friends; it also recalls past dismay and the closeness of death, as well as the return of health and untroubled confidence. And everything he evokes is concentrated around the single thought, marked by the magical word for which we wait throughout the poem and which the last line finally proclaims: *Freedom*, which is for the poet the summation of all his past life as he loves it, and the goal of the future. His poem has the insistence of a litany and the unusual form is regular, three fluid heptasyllables being followed each time by a line of four syllables. At the end two lines complete the heptasyllabic metre, as four syllables are followed by the three clear vowels of the word 'Liberté'.

Jacques Prévert

1900-

In a recent autobiographical note Jacques Prévert states rather proudly that his formal studies went no further than the *école communale,* or primary school. Born in Paris of a Breton father and a mother from the Auvergne, he has always shown a healthy, even provocative distrust of erudition for its own sake (*Page d'écriture, Le Cancre*) and, more broadly, of all the behavioural conventions of the French middle-class (*Familiale*). He prefers instead to pay tribute to the redeeming strength of innocence and tenderness and imagination by which 'le visage du bonheur' enters our lives. Writing on a few favoured lyrical themes—love, pity, despair, childhood—Prévert handles them with dramatic skill in a tone of unsentimental directness. Although one must say that his most characteristic work lacks the subtlety of great art, none can doubt its power and freshness. After many years when his poems were known only to a small Parisian circle, he achieved overnight celebrity in 1946 with the collection *Paroles* which, in the same way as his later books of verse, rapidly became an outstanding best-seller.

Page d'écriture

Deux et deux quatre
quatre et quatre huit
huit et huit font seize . . .
Répétez ! dit le maître
Deux et deux quatre
quatre et quatre huit
huit et huit font seize.
Mais voilà l'oiseau-lyre
qui passe dans le ciel
l'enfant le voit
l'enfant l'entend
l'enfant l'appelle :
Sauve-moi
joue avec moi
oiseau !
Alors l'oiseau descend
et joue avec l'enfant

Deux et deux quatre . . .
Répétez ! dit le maître
et l'enfant joue
l'oiseau joue avec lui . . .
Quatre et quatre huit
huit et huit font seize
et seize et seize qu'est-ce qu'ils font ?
Ils ne font rien seize et seize
et surtout pas trente-deux
de toute façon
et ils s'en vont.
Et l'enfant a caché l'oiseau
dans son pupitre
et tous les enfants
entendent sa chanson
et tous les enfants
entendent la musique
et huit et huit à leur tour s'en vont
et quatre et quatre et deux et deux
à leur tour fichent le camp
et un et un ne font ni une ni deux
un à un s'en vont également.
Et l'oiseau-lyre joue
et l'enfant chante
et le professeur crie :
Quand vous aurez fini de faire le pitre !
Mais tous les autres enfants
écoutent la musique
et les murs de la classe
s'écroulent tranquillement.
Et les vitres redeviennent sable
l'encre redevient eau
les pupitres redeviennent arbres
la craie redevient falaise
le porte-plume redevient oiseau.

Written in unrhymed verse with no regular syllabic pattern, and using a simple gamut of words, *Page d'écriture* is a typical example of Prévert's fantasy and charm. It presents the contrast between a schoolboy's woolgathering and the imperious call to

rote learning, to the monotonous repetition of numbers that go
to make each with each a coherent whole. Yet despite the teacher's
efforts, it is not logic but the naïve imagination that triumphs,
undoing a ready-made world and transforming the objects of the
classroom into their original forms. Note in particular that the
thought is beautifully clinched with the pun of the last line by
which we are reminded that 'porte-plume' (fountain-pen) means
literally a 'feather-holder'—a bird.

l. 37: *fichent le camp*, clear out (*familiar*)

Le Cancre

Il dit non avec la tête
mais il dit oui avec le cœur
il dit oui à ce qu'il aime
il dit non au professeur
il est debout
on le questionne
et tous les problèmes sont posés
soudain le fou rire le prend
et il efface tout
les chiffres et les mots
les dates et les noms
les phrases et les pièges
et malgré les menaces du maître
sous les huées des enfants prodiges
avec les craies de toutes les couleurs
sur le tableau noir du malheur
il dessine le visage du bonheur.

In adopting once more the theme and setting of *Page d'écriture*,
Prévert treats them in *Le Cancre* in a wholly different style. A
contrast is drawn between teacher and child, but the dramatic
opposition is here obtained less discursively, and without recourse
to wit. As the tone of his voice rises in the last five lines, the
poet very convincingly pricks the bubble of glum scholarship.

l. 14: *enfants prodiges*, child prodigies, 'good' pupils

Déjeuner du matin

Il a mis le café
Dans la tasse
Il a mis le lait
Dans la tasse de café
Il a mis le sucre
Dans le café au lait
Avec la petite cuiller
Il a tourné
Il a bu le café au lait
Et il a reposé la tasse
Sans me parler
Il a allumé
Une cigarette
Il a fait des ronds
Avec la fumée
Il a mis les cendres
Dans le cendrier
Sans me parler
Sans me regarder
Il s'est levé
Il a mis
Son chapeau sur sa tête
Il a mis
Son manteau de pluie
Parce qu'il pleuvait
Et il est parti
Sous la pluie
Sans une parole
Sans me regarder
Et moi j'ai pris
Ma tête dans ma main
Et j'ai pleuré.

At first sight we might think that *Déjeuner du matin* has little to interest us since it appears to be utterly banal in its images and rhythms; nevertheless this very banality of detail conveys to us suggestively the attitude of the speaker, this woman watching every gesture of the man she loves but who no longer loves her. The sober quietness of tone and language deepens the pathos,

to which the last three lines provide the key. It is apparent from
the terse diction of his dramatic monologue that Prévert's long
experience in writing for films has been turned to excellent effect.

Familiale

La mère fait du tricot
Le fils fait la guerre
Elle trouve ça tout naturel la mère
Et le père qu'est-ce qu'il fait le père ?
Il fait des affaires
Sa femme fait du tricot
Son fils la guerre
Lui des affaires
Il trouve ça tout naturel le père
Et le fils et le fils
Qu'est-ce qu'il trouve le fils ?
Il ne trouve rien absolument rien le fils
Le fils sa mère fait du tricot son père des affaires
    lui la guerre
Quand il aura fini la guerre
Il fera des affaires avec son père
La guerre continue la mère continue elle tricote
Le père continue il fait des affaires
Le fils est tué il ne continue plus
Le père et la mère vont au cimetière
Ils trouvent ça tout naturel le père et la mère
La vie continue la vie avec le tricot la guerre les
    affaires
Les affaires la guerre le tricot la guerre
Les affaires les affaires et les affaires
La vie avec le cimetière.

This unflattering tableau of 'family life' serves to illustrate the
important vein of satire in Prévert. (He originally became famous
in 1931 for a long poem which aggressively went about the
business of deflating the pose of self-importance: *Tentative de
description d'un diner de têtes à Paris — France.*) Here he sets
out to show the senseless routine of life without poetry or love
or imagination, and employs a deliberately flat tone and mono-

tonous repetition. The last four lines move in a rapid whirl that intermingles the most disparate things and tellingly evokes the way too many of us live our lives.

L'École des beaux-arts

Dans une boîte de paille tressée
Le père choisit une petite boule de papier
Et il la jette
Dans la cuvette
Devant ses enfants intrigués
Surgit alors
Multicolore
La grande fleur japonaise
Le nénuphar instantané
Et les enfants se taisent
Émerveillés
Jamais plus tard dans leur souvenir
Cette fleur ne pourra se faner
Cette fleur subite
Faite pour eux
A la minute
Devant eux.

In *L'École des beaux-arts* Prévert's verse is as usual free, but he also makes highly successful use of rhyme in order to lend tenderness to the tone and, in particular, to afford special emphasis to the three main points of the poem's development (*intrigués, instantané, émerveillés*). His scene is economically drawn to depict the magic of the moment when a toy, a ball of paper, thrown into a basin of water, opens up like a flower and reveals its colours to the eyes of waiting children. For Prévert this constitutes a brief but unforgettable lesson in beauty, and he entitles his poem, with something more than mock seriousness, 'the school of fine arts'.

l. 6: *Surgit*, note the inversion of the subject (*la grande fleur...*) which suggests the children's excitement at their sudden discovery

Pour faire le portrait d'un oiseau

Peindre d'abord une cage
avec une porte ouverte
peindre ensuite
quelque chose de joli
quelque chose de simple
quelque chose de beau
quelque chose d'utile
pour l'oiseau
placer ensuite la toile contre un arbre
dans un jardin
dans un bois
ou dans une forêt
se cacher derrière l'arbre
sans rien dire
sans bouger
Parfois l'oiseau arrive vite
mais il peut aussi bien mettre de longues années
avant de se décider
Ne pas se décourager
attendre
attendre s'il le faut pendant des années
la vitesse ou la lenteur de l'arrivée
de l'oiseau n'ayant aucun rapport
avec la réussite du tableau
quand l'oiseau arrive
s'il arrive
observer le plus profond silence
attendre que l'oiseau entre dans la cage
et quand il est entré
fermer doucement la porte avec le pinceau
puis
effacer un à un tous les barreaux
en ayant soin de ne toucher aucune des plumes de l'oiseau
Faire ensuite le portrait de l'arbre
en choisissant la plus belle de ses branches
pour l'oiseau
peindre aussi le vert feuillage et la fraîcheur du vent
la poussière du soleil

et le bruit des bêtes de l'herbe dans la chaleur de l'été
et puis attendre que l'oiseau se décide à chanter
Si l'oiseau ne chante pas
c'est mauvais signe
signe que le tableau est mauvais
mais s'il chante c'est bon signe
signe que vous pouvez signer
alors vous arrachez tout doucement
une des plumes de l'oiseau
et vous écrivez votre nom dans un coin du tableau.

These lines, deservedly among the most popular that Jacques Prévert has written, offer us a recipe for success in painting—but of the most whimsical and intangible kind. Using the infinitive as a softened form of the imperative, they trace out the paradoxes of captivity and freedom, patience and expectancy, playfulness and precision. But in the end the painting can only be good if and when the bird sings, and grace inhabits the canvas. To present his fable Prévert adopts free verse, which skirts the rhythms and intonation of ordinary speech but is not identifiable with it because of the lyrical effect of repetition, parallelisms, verbal play, assonance and rhyme. We may note in particular the way in which the word 'oiseau' is echoed throughout the poem and underpins the form: 'beau', 'tableau', 'pinceau', 'barreaux'.

Chanson de la Seine

La Seine a de la chance
Elle n'a pas de soucis
Elle se la coule douce
Le jour comme la nuit
Et elle sort de sa source
Tout doucement sans bruit
Et sans se faire de mousse
Sans sortir de son lit
Elle s'en va vers la mer
En passant par Paris

La Seine a de la chance
Elle n'a pas de soucis
Et quand elle se promène
Tout le long de ses quais
Avec sa belle robe verte
Et ses lumières dorées
Notre Dame jalouse
Immobile et sévère
La regarde de travers

Mais la Seine s'en balance
Elle n'a pas de soucis
Elle se la coule douce
Le jour comme la nuit
Et s'en va vers le Havre
Et s'en va vers la mer
En passant comme un rêve
Au milieu des mystères
Des misères de Paris.

Prévert offers us a real song that takes poetry back, we might say, to its origins as pure lyrical movement. No complexity of an intellectual or emotional kind attends our reading as we follow the easy progression, the free flow of these hexasyllables (which do not respect the traditional value given to e mutes). With their repetitions and refrains, the stanzas present three phases of the river—first, as it begins its course, then as it passes through Paris, and finally as it moves towards Le Havre and the sea. The Seine has no hurry or worry and merely obeys its own inclination, like a beautiful but fickle woman who is treated disapprovingly by Notre Dame. The mood is light and cheerful, but a more serious note is sounded in the last three lines that bring out the contrast between the Seine's unconcern and the actual life of the city.

l. 3: *se la coule douce*, takes it easy (the expression is admirably suited to describe a river)
l. 17: *Notre Dame*, the cathedral of Notre Dame, situated on the Ile de la Cité in Paris
l. 20: *s'en balance*, does not care

INDEX OF FIRST LINES

INDEX OF POETS

VOCABULARY

abandonner, to abandon
abattre, to knock down, fell
une abeille, bee
un abîme, abyss, chasm
aux abois, at bay
aboli, abolished, ruined
d'abord, first, at first
aborder, to land, come to shore
aboyer, to bark
s'abreuver, to quench one's thirst
un abri, shelter
s'abriter, to take shelter
abyssin, of the abyss
accabler, to overwhelm
accorder, to reconcile
accoucher, to give birth to
accourir, to hasten
accrocher, to hook
accroupi, crouched, huddled
accueillir, to greet
accumuler, to accumulate
âcre, acrid, pungent
adorer, to worship
adoucir, to soften, sweeten
affairé, busy
les affaires (f.pl.), business, trade; faire
    des affaires, to be in business
affaissé, collapsed, subsiding
un affût, gun-carriage
agacer, to annoy
agiter, to wave, agitate
un agneau, lamb
agoniser, to be at the point of death
les aïeux, forefathers
un aigle, eagle
aigrement, shrilly
aigu, sharp
l'ail (m.), garlic
une aile, wing
aîné, elder
ainsi, thus, so
un air, appearance, air
l'airain (m.), bronze
une aire, threshing-floor
l'aise (f.), ease, comfort
un alcyon, halcyon
une algue, seaweed
allaiter, to suckle
allécher, to entice
une allée, path, lane
en allée, that has gone away

allègrement, joyfully
aller, to go; s'en aller, to go away
allier, to ally
allumer, to light
alors, then
altéré, thirsty
un amandier, almond-tree
amasser, to gather
l'ambre (m.), ambergris
une âme, soul
amer, bitter
une amertume, bitterness
amonceler, to pile up
en amont, upstream
un amour, love-affair (sometimes
    feminine in singular; regularly
    feminine in plural)
un amoureux, lover
Amphitrite, goddess of the sea
une amulette, amulet
s'amuser, to enjoy oneself
un an, year
ancien, old, former
une ancre, anchor
un âne, une ânesse, donkey
une anémone, anemone
un ange, angel
angevin, Angevine, of Anjou
un angle, corner
une année, year
annoncer, to announce, foretell
s'annoncer, to announce oneself
une antenne, lateen-yard
un antre, den, cavern
août, August
s'apaiser, to grow calm
appartenir, to belong
les appas (m.), charms
un appel aux armes, call to arms
appeler, to call
un appétit, appetite
une approchée, approach
s'approcher, to approach
s'appuyer, to lean
âpre, stern, grim
un aquarelliste, water-colorist
un aquilon, north wind
un arbitre, judge
un arbre, tree
un arbuste, bush
une ardeur, heat
une ardoise, slate

l'argent (m.), silver
une ariette, little melody
un arlequin, harlequin
une arme, weapon, arm
s'armer, to arm oneself
une armoire, cupboard
s'arrêter, to stop
arrière, back
un arrière-neveu, great grand-child
l'arrière-saison (f.), fall of the year
une arrivée, arrival
arriver, to arrive
arroser, to water
un art, art
un artisan, craftsman
une ascension, ascent
un asphodèle, asphodel, a kind of lily, a flower of Elysium
assagir, to make (someone) behave better
assassin, murderous
un assaut, assault
asservir, to enslave
s'asseoir, to sit down
assez, enough
assiéger, to besiege
assoupi, slumbering
assouvir, to satisfy, slake
un astre, star
un astrologue, astrologer
une astuce, craftiness
les atours (m.), finery, attire
un âtre, hearth
atteindre, to reach
un attelage, team of horses
attendre, to wait for
attendrir, to move, touch
attester, to testify
attiédi, tepid, lukewarm
attirer, to attract
s'attribuer, to attribute to oneself
une aube, dawn
un aubier, sap-wood
aucun, none
au-dessous, below
aujourd'hui, today
un aulne, alder-tree
un aune, alder
une aurore, dawn
aussi, also, too
autant, as much
l'automne (m.), autumn
autrement, otherwise
autrui, others, other people
en aval, downstream
avaler, to swallow
avancer, to advance
avant (de), before
l'avant (m.), prow

avare, miserly
avec, with
avecque (old spelling of *avec*), with
un avènement, advent, accession
un avenir, future
d'aventure, perchance
une averse, shower
aveugle, blind
avide, greedy
un aviron, oar
aviser, to warn, see about
l'avoine (f.), oats; *folle avoine*, oat-grass
avoir, to have
avouer, to confess
azur, azure, blue
s'azurer, to be (become) blue

la baie, berry
baigner, to bathe
le bâillement, yawning
le baisement, kissing
baiser, to kiss
le baiser, kiss
baisser, to lower
balancer, to sway
le balcon, balcony
le ballon, balloon
la banlieue, suburbs
banni, banished, exiled
le baquet, tub
la barbe, beard
barbu, bearded
la barque, boat
la barre, tiller
le barreau, bar
bas, low; *au bas de*, at the bottom of
le bateau, boat
le batelier, boatman
bâtir, to build
le bâton, stick
battre, to beat; *battre la campagne*, to woolgather
baver, to dribble, slaver
beau (f. *belle*), beautiful, handsome
le bec, beak
bêler, to bleat
le bélier, battering-ram
bénir, to bless
le benjoin, benzoin
le berceau, cradle
bercer, to lull, rock
le bergamasque, Italian dance
la berge, bank, parapet
le berger, shepherd
la besogne, work, job
la bête, animal, beast
la Bible, Bible
la biche, hind, doe

le bidon, tin, can
bien, well, very; *bien de*, many
bienheureux, happy, fortunate
les biens (m.), possessions
bientôt, soon
la bière, beer; coffin
le bijou, jewel; *bijou d'un sou*, worthless gem
la bise, north wind
blafard, wan, pale
blanc, white
la blancheur, whiteness
blanchir, to whiten
le blé, wheat
blême, pale
le blessé, the wounded man
blesser, to wound, hurt
la blessure, wound
blond, fair-haired
blotti, curled up, snuggling
le bock, glass of beer
le bœuf, ox
le boisseau, bushel
la boisson, drink
la boîte, box
boiter, to limp
bon, good
le bond, bound, jump
le bonheur, happiness
le bonnet, bonnet
la bonté, goodness
les bords (m.), shores
bossu, hunchbacked, humped
bossué, dinted
la bottine, ankle-boot
la bouche, mouth
boucher, to plug, stop up
la boue, mud
la bouffée, puff, breath
la bouge, hovel
bouger, to move, budge
bouillir, to boil
la boule, ball
le bouleau, birch
le bourdonnement, buzzing
bourdonner, to buzz
le bourg, town
le bourgeois, burgess, member of the middle-class
le bourreau, hangman
le bout, end
le bouton de rose, rosebud
le bouton d'or, buttercup
le bouvreuil, bullfinch
le brancard, stretcher
la branche, branch
la brande, heath
le bras, arm
le brasier, brazier

la brebis, sheep
le breuvage, drink
le bréviaire, breviary
briller, to shine
le brin, sprig
la brioche, bun
la brise, breeze
se briser, to break
la broderie, embroidery
le brouillard, fog
brouillé, blurred, confused
bruire, to make a noise
le bruit, noise
le brûle-gueule, cutty, short clay pipe
brumeux, misty
bruni, brown
brusque, sudden, abrupt
brut, uncouth, rough
la bruyère, heath
le buccin, trumpet
la bûche, log
le bûcher, funeral pyre
le bûcheron, woodcutter
le buffet, sideboard
le buffle, buffalo
le buis, boxwood
le buisson, bush, thicket
buriner, to engrave
le butin, booty

se cacher, to hide oneself
le café, café, coffee
la cage, cage
le caillou, stone
le caisson, ammunition-waggon
la campagne, countryside
le canal, canal
le cancre, dunce
capable, capable
car, for
la caravelle, kind of sailing ship
la carène, keel
la cargaison, cargo
carillonner, to chime
le carmin, carmine
la carrière, career, course
casser, to break
la cassolette, vase for burning perfume
le Caucase, Caucasus
causer, to chat
le cavalier, horseman
la cavatine, cavatina, operatic song
le cèdre, cedar
ceint de, surrounded by
la cendre, ash
le cendrier, ash-tray
le centurion, centurion

le *cerceau*, hoop
le *cercueil*, coffin
le *cerf*, stag
la *cerise*, cherry
le *cerveau*, brain
la *cervelle*, brain
le *chagrin*, sorrow
la *chaîne*, chain
la *chair*, flesh
le *chaland*, barge
la *chaleur*, heat
la *chambre*, room, bedroom
la *chance*, luck, good fortune
chanceler, to stagger, totter
la *chandelle*, candle
changer, to change
la *chanson*, song
chanter, to sing
chantonner, to hum, sing softly
le *chapeau*, hat
chaque, each
le *char*, vehicle
le *charbon*, coal
la *charge*, load
charger, to load
charmer, to charm, bewitch
la *charmille*, bower, arbour
le *charnier*, charnel-house
la *charrue*, plough
le *chasseur*, hunter
le *chat*, cat
le *chat-huant*, brown owl
châtier, to chastise
le *châtiment*, punishment
le *chaume*, thatch
la *chaumière*, thatched hut
la *chaussure*, shoe
chauve, bald
le *chef*, leader
le *chemin*, way, road, path
la *cheminée*, chimney
cheminer, to move on
le *chêne*, oak
chéri, cherished
le *chérubin*, cherub
chétif, weak, miserable
le *chevalier*, knight
chevaucher, to ride
chevelu, hairy
les *cheveux* (m.), hair
le *chien*, dog
le *chien Terre-Neuve*, Newfound-land-dog
le *chiffon*, rag, ribbon
le *chiffre*, number
la *chinoiserie*, Chinese curio
le *choc*, shock, clash
le *chocolat*, chocolate
le *chœur*, chorus

choir, to fall
choisir, to choose
le *choix*, choice
la *chose*, thing
le *chou*, cabbage
la *chute*, fall
le *ciel* (pl. *cieux*), sky, heaven
la *cigale*, cicada
le *cil*, eyelash
la *cime*, peak
le *cimetière*, graveyard
cinabre, vermilion
Cipango, ancient name for Japan
le *cipaye*, Indian soldier
circuler, to wheel
la *cire*, beeswax
le *cirque*, circus
ciseler, to chisel
le *citoyen*, citizen
la *civière*, stretcher
clair, clear
le *clair de lune*, moonlight
le *clairon*, trumpet, trumpeter
la *clarté*, light, brightness
la *clef*, key
la *clémence*, mercy
la *cloche*, bell
le *clocher*, belfry
la *cloison*, partition
le *cloître*, cloister
le *clos*, garden
le *clou*, nail
clouer, to nail, pin
le *coche*, coach
le *cocher*, coachman
le *cochon*, pig
le *cœur*, heart
la *cognée*, axe
la *coiffure*, hair-style
le *coin*, corner
la *colère*, anger
coller, to glue
la *collerette*, little collar
la *colline*, hill
le *colloque*, conversation
colorer, to colour
comme, like
comment, how
communier, to commune
le *compagnon*, la *compagne*, companion
comprendre, to understand
compter, to count
confier, to entrust, commit
confondre, to mingle
conquérir, to conquer
le *conseil*, counsel
conseiller, to counsel, advise
se *consoler*, to find consolation

conspirer, to conspire
constellé, starry
consumer, to consume
le conte, tale
se contenter, to be content
conter, to tell
le contour, outline, contour
la contrainte, constraint
contre, against
à contre-vent, against the wind
contrefaire, to imitate
convenir, to befit, suit
le convive, guest
le coq, cock
la coquille, shell
le cor, hunting-horn
le corail, les coraux, coral
le corbeau, crow
la corbeille, basket; *la corbeille à ouvrage*, work-basket
la cordillère, range of mountains
le cormoran, cormorant, voracious seabird
la corne, horn
la corolle, corolla
corrompu, corrupt
le corset, corselet
le cortège, procession
la corvée, forced labour
le coryza, cold in the head
cossu, well-off
le coteau, hill
le cotillon, skirt worn by peasants
le coucher, sleeping-place
se coucher, to lie down
le coude, elbow
couler, to flow
la couleur, colour; *la couleur à l'eau*, watercolour
le coup, blow
le coup de rame, oarstroke
la coupe, cup
le couplet, couplet
la cour, courtyard; court
le courant, current
courbé, bent
courir, to run
la couronne, crown
le cours, course
le coursier, charger
court, short
la courtine, curtain
le courtisan, courtier
le coussinet, small cushion
le couteau, knife
coûter, to cost
la couvée, hatch, brood
le couvent, convent
la craie, chalk

craindre, to fear
craquer, to be thrown into disorder
le créancier, creditor
la créature, creature
la crèche, crib
crépusculaire, crepuscular, twilit
le crépuscule, twilight
le cresson, cress
la crête, crest
le creux, hollow
crever, to burst; die (of an animal)
crier, to shout, call out
crisper, to clench, contract
crochu, hooked
croiser, to cross
le croissant, crescent
croître, to grow
la Croix australe, Southern Cross
croquer, to crunch
crouler, to crumble
la cruche, pitcher, jug
le crucifix, crucifix
cueillir, to gather
la cuiller, spoon
le cuir, leather; hide
la cuirasse, breastplate, armour
cuisant, burning
la cuisine, cooking, kitchen
le cuivre, copper
la cuvette, wash-basin
le cygne, swan
la cymbale, cymbal

daigner, to deign
dangereux, dangerous
danser, to dance
darder, to dart, hurl
le dattier, date-palm
le dauphin, eldest son of French king (used humorously by Hugo)
davantage, more
se débattre, to struggle
débile, weak, puny
le débordement, overflow
déborder, to overflow
debout, standing
deçà, delà, this way and that
déchirer, to tear
(se) décider, to decide
déclos, opened (of a rose, having shed its petals)
les décombres (m.), rubbish, debris
le décor, scenery, setting
décorer, to decorate
se décourager, to be discouraged
décrocher, to take down, unhook
dédaigneux, disdainful
le dédain, disdain
la déesse, goddess

défaillir, to fail, faint
se défaire, to undo
le défaut, defect; *en défaut*, at fault
défendre, to defend, prevent, forbid
déferler, to unfurl
le défi, challenge
défunt, dead
dégager, to give off
dégoûter, to disgust
le déguisement, disguise
le déjeuner, breakfast
délaisser, to abandon
les délices (f.), delights, bliss
le délire, delirium
le déluge, flood
demander, to ask (for)
se demander, to wonder
la démarche, gait, tread
dément, mad
la demeure, dwelling
demeurer, to stay
demi, half
la demoiselle, spinster
la dentelle, lace
se dépêcher, to hurry, hasten
dépens, aux dépens de, at the expense of
déplacer, to displace
déplaire, to displease; *ne vous déplaise*, let it not displease you
déployer, to unfold
déposer, to lay down
la dépouille, remains
dépourvu, destitute
déraciner, to uproot
dérober, to steal
se dérouler, to unroll
derrière, behind
dès, as early as; *dès aujourd'hui*, here and now
désabusé, disillusioned
se désaltérer, to slake one's thirst
le désastre, disaster
désespéré, desperate
désolé, desolate
désormais, henceforth
desserrer, to slacken one's hold
dessiner, to draw
dessus, on (it, him, her)
le destin, destiny
le destrier, charger
le détour, winding, curve
détrôner, to unthrone
détruit, destroyed
le deuil, mourning
deux, two
devant, in front of; *comme devant*, as before

dévider, to unwind, to reel off (thread)
dévier, to deviate
deviner, to guess, make out
la devise, motto
devoir, to owe; have to
le devoir, duty
dévorer, to devour
le diadème, diadem
die, old form of *dise*, first person singular present subjunct. of *dire*
Dieu, God
difficile, difficult
digérer, to digest
le dîner, dinner
dire, to say
discourir, to discourse
la disgrâce, misfortune (archaic)
disparaître, to disappear
disperser, to disperse
disputer, to dispute, contend for
dissiper, to dispel
distrait, absent-minded
divaguer, to wander
le dôme, dome
dominical (adj.), Sunday
dompter, to tame
la donzelle, maid
doré, golden
dorer, to gild
dorloter, to fondle
dormeur, sleeping
le dos, back
doucement, softly, gently
la douceur, gentleness
la douleur, pain, grief
doux, soft, gentle
le drapeau, flag
dresser, to raise
droit, straight, upright
dur, hard, harsh
la durée, duration
durer, to last

l'eau (f.), water
les ébats (m.), gambols
s'ébattre, to frolic, gambol
une écaille, scale, shell
écarter, to separate, brush aside
s'écarter, to step aside, stray
un échafaud, scaffold, gallows
un échantillon, sample
échapper, to escape
échauffer, to warm
une échelle, ladder
un échelonnement, staggered formation
s'écheveler, to dishevel, toss one's hair
une échine, spine

un écho, echo
éclairer, to light up
un éclat, brightness, radiance
éclatant, dazzling
écœurer, to sicken
un écolier, schoolboy
économe, thrifty
écouter, to listen
écraser, to crush
un écrin, case, casket
écrire, to write
une écriture, writing
écrouler, to crumble
s'écrouler, to collapse, tumble down
un écueil, reef
écumant, foaming
une écume, foam
un écureuil, squirrel
l'Éden (m.), Eden

effacer, to blot out
s'effarer, to take fright
effaroucher, to startle, scare
s'effeuiller, to lose its leaves
effleurer, to touch lightly, skim
effrayant, fearful
s'effriter, to crumble
un effroi, dread, terror
égaler, to equal
s'égarer, to lose one's way
une église, church
égratigner, to scratch
égrener, to drop one by one
un élan, spring, dash, impetus
s'élancer, to leap forward
élargir, to widen, spread out
élever, to raise
élire, to elect; *élire domicile*, to elect
  domicile
s'éloigner, to withdraw
un émail, des émaux, enamel
embaumer, to perfume
embêter, to annoy
embrasé, lit up
émerger, to emerge
émerveillé, amazed, wonder-struck
s'émerveiller, to be amazed
émouvoir, to move, touch
s'emparer de, to take possession of
empêcher, to prevent
un empereur, emperor
s'emplir, to be filled
employer, to put to use
emporter, to carry away
une empreinte, trace
empressé, eager, busybody
un emprunteur, borrower
encadré, framed
l'encens (m.), incense

un encensoir, censer
un enchanteur, enchanter
un encombre, hindrance, mishap
encore, still (sometimes spelt *encor*
  in poetry)
une encre, ink
endoctriner, to indoctrinate
endormeur, lulling
s'endormir, to drop off to sleep
un enfant, child
l'enfer (m.), hell
enfermer, to shut in
enflammé, fiery
s'enfler, to swell
enfoncer, to sink, to drive in
enfouir, to bury
engageant, likable, pleasant
engloutir, to engulf
engourdi, numb
engraisser, to fatten
enivrant, intoxicating
s'enlever, to rise up, fly away
enneigé, snowy
un ennemi, enemy
enrichir, to enrich
enseigner, to teach
ensevelir, to bury
ensongé, dreaming
ensuite, then, next
entamer, to cut open
entendre, to hear
une entente, understanding
enter, to graft
entêté, stubborn
entier, entire, whole; *tout entier*,
  wholly
un entonnoir, funnel, crater
les entrailles (f.), entrails; feeling
entraîner, to carry away
entre-bâillé, half-open
entremêler, to intermingle
entrer, to enter
s'entretenir, to converse, speak
un entretien, conversation
entr'ouvert, half-open
envelopper, to surround, enfold
l'envergure (f.), breadth
envers, toward
s'envoler, to fly away
épais, thick
s'épaissir, to thicken
épandu, spread
épanoui, blooming, spread out
un épanouissement, expansion
épargner, to spare
un éparpillement, dispersion
épars, scattered
s'épeurer, to take fright
éphémère, passing, ephemeral

un épi, ear of corn
une épine, thorn
épouser, to marry, wed
épouvantable, frightful
un époux, husband
une épreuve, ordeal
épuiser, to exhaust, drain
un équipage, crew
errant, wandering
errer, to wander
un escadron, squadron
une escalade, climb, scaling (a mountain)
escalader, to climb
un escalier, staircase
un escargot, snail
une escarmouche, skirmish
un escarpement, escarpment
une escarpolette, swing
une espèce, sort, kind
une espérance, hope, expectation
espérer, to hope
un espoir, hope
un esprit, mind, spirit
un esquif, skiff
une estampe, engraving
une étable, cow-shed
un établissement, establishment
étagé, in tiers
un étagement, arrangement in tiers
un étang, pool
un été, summer
éteindre, to put out
un étendard, standard
étendre, to extend, stretch out
une étendue, expanse
une étincelle, spark
une étoile, star
étonner, to astonish
étouffant, stifling
étourdi, dizzy, deafened
étrangler, to strangle
une étrave, bow
une étreinte, clasp, hug
étroit, narrow
s'évader, to escape
évanouir, to vanish
évaporer, to evaporate
s'éveiller, to awaken
un éventail, fan
exalter, to ennoble, praise
s'excuser, to apologize
un exemple, example
exhaler, to breathe out
exiler, to exile
exister, to exist
expier, to expiate, atone
exprès, on purpose
une extase, ecstasy

s'exténuer, to wear itself out

la façon, fashion, manner; *de toute façon*, anyhow
façonner, to fashion, shape
fade, insipid, wishy-washy
faible, weak
la faiblesse, weakness
le fainéant, loafer
faire, to do, make
faire fête à qn., to welcome
le faix, burden
la falaise, cliff
le familier, intimate friend
se faner, to wither
la fange, mud, mire
le fanon, dewlap
fantasque, quaint, capricious
le fantôme, ghost
le faon, fawn
la farce, farce
le fardeau, burden
farouche, wild, grim
le faucheur, reaper, mower
la faucille, sickle
le faune, faun
la faute, fault; *avoir faute de*, to lack
fauve, tawny
le faux-col, detachable collar
fécond, fertile
la fée, fairy
la femme, woman, wife
fendre, to split, divide
la fenêtre, window
la fente, crack
le fer, iron
le fer-blanc, tin
fermer, to close, shut
la ferveur, fervour
le festin, banquet
festonné, festooned
la fête, party, celebration
le feuillage, foliage
la feuille, leaf
la feuillée, foliage
la fève, broad bean
le fichu, fichu, scarf
fier, fière, proud
se fier (à), to trust in, rely on
le figuier, fig-tree
se figurer, to imagine
le fil, thread
filer, to spin
le filet, thread, streak
la fille, la jeune fille, girl
la fillette, young girl
le fils, son
filtrer, to filter, seep

fin, refined
final, final
finir, to end, finish
le firmament, firmament
le flambeau, torch
flamboyer, to flame, gleam
le flanc, flank, side
le Flandre, Flanders
le flatteur, flatterer
la flèche, arrow
flétrir, to wither, sully
la fleur, flower
fleurer, to smell of
fleuri, flowering
fleuronner, to bloom
le flocon, flake
la flore, flora
le flot, wave
flotter, to float
le flux, flow
la foi, faith
le foin, hay; *foin de...*, a fig for . . .
la fois, time, occasion
la folie, madness
le fond, bottom
fondre, to melt
la fontaine, fountain; *la fontaine de Jouvence*, the fountain of youth
la force, energy
la forêt, forest
fort, strong
le fou, madman
la foudre, lightning, thunderbolt
le fouet, whip
fouetter, to whip
la fougère, fern
le fouillis, thicket
fouler, to tread
la fourmi, ant
fourmillant, swarming
fournir, to furnish, provide
la fourrure, fur
le foyer, hearth
le fracas, noise, din
la fraîcheur, freshness, čoolness
frais (f. *fraîche*), fresh, cool
la fraise, strawberry
la framboise, raspberry
franc, free
la frange, fringe
frapper, to strike
frémir, to quiver, tremble
le frère, brother
frileux, sensitive to the cold
le frimas, hoarfrost
le frisson, shiver
la froideur, cold
froissé, ruffled, crumpled
frôler, to graze

le fromage, cheese
le front, brow
le frottis, rubbing
le fruit, fruit
fuir, to flee
fumer, to smoke
fumeux, smoky, hazy
funèbre, deadly
funéraire, funerary
funeste, deadly, disastrous
le fusil, gun
le fût, bole
le fuyard, fugitive

la gabarre, sailing-barge, lighter
gaiment, gaily
la galère, galley
galeux, mangy
ganté, gloved
la garde, guard; hilt
garder, to keep
le gave, mountain torrent (in the Pyrenees)
le gazon, grass
geler, to freeze
gémir, to groan
la gendarmerie, police station
gêner, to cramp, hamper
le genêt, broom
le genou, knee
les gens (f.), people
la gentiane, gentian
la gerbe, sheaf
gercé, cracked
le gerfaut, gerfalcon
la girouette, weathercock
gis (2nd pers. sing. pres. indic. of *gésir*), are lying
gisait (imperfect of *gésir*), was lying
le givre, hoar-frost
la glace, ice
le glaïeul, gladiolus
le glaive, sword
le glaneur, la glaneuse, gleaner
glauque, glaucous, yellow
glisser, to slip, slide
le gobeur, swallower; *gober*, to swallow, gulp down
le godet, dish for water-colours
le goémon, seaweed
gonflé, swollen
la gorge, throat
le gouffre, gulf
gourmand, greedy
le goût, taste
goûter, to taste, enjoy
la grâce, grace
la grand-mère, grandmother
gratis, gratis, free of charge

grave, serious
graver, to engrave
grêler, to hail
le grelot, bell
le grenier, attic
la grenouille, frog
la grève, shore
la griffe, claw
le griffon, griffon
le grillon, cricket
grimper, to climb
grincer, to squeak
se griser, to become intoxicated
gronder, to rumble
la grosseur, size, bulk
la grotte, grotto
gruger, to swallow
la guêpe, wasp
guérir, to heal
la guerre, war; *faire la guerre*, to make war, go to war
le guerrier, warrior
le guet, watch, look-out
la gueule, jaws, mouth

habile, clever
les habits (m.), clothes
la hache, axe
hagard, wild, haggard
la haie, hedge
le haillon, rag, tatter
haineux, hateful
haïr, to hate
une haleine, breath
haletant, panting
le hallali, hunter's cry, or the sound of the hunting-horn
le hameau, hamlet
hanter, to haunt
hardi, daring
se hâter, to hurry
hâtif, hasty, hurried
le haut, top
haut, high
hautain, lofty, proud
le hautbois, oboe
hennir, to whinny
l'herbe (f.), grass
un herborisateur, man who gathers herbs
hérisser, to bristle
le hêtre, beech
une heure, hour
heureux, happy
heurter, to strike
le hibou, owl
une hirondelle, swallow
une histoire, story
l'hiver (m), winter

la Hollande, Holland
un honneur, honour
honorer, to honour, celebrate
la honte, shame
honteux, ashamed, shameful
un horizon, horizon
une horreur, horror
l'hôte (m.), host. inhabitant
la houppe, powder-puff
la housse, saddle-cloth
le houx, holly
la huée, booing, jeering
un huissier, bailiff
une huître, oyster
humer, to inhale, sniff
une humeur, mood
humide, wet
le hurlement, howl
la hutte, hut, shed
un hymen, wedding
un hyménée, marriage

une idée, idea
une idole, idol (Malherbe treats it as a masculine noun)
un if, yew
illimité, limitless
illuminé, lit
imaginer, to imagine
immaculé, immaculate
immobile, motionless, still
imperissable, imperishable
implorer, to beg
importun, importunate, tiresome
imprégné, impregnated
imprévu, unexpected
imprimer, to stamp
inaccessible, inaccessible
inassouvi, unslaked
incanter, to sing an incantation
un incendie, fire
incertain, unsure
incliner, to bow
inclus, included
incompris, misunderstood
inconnu, unknown
inconsolé, unconsoled
incrédule, unbelieving
indigne, unworthy
ineffablement, ineffably
infatigable, tireless
infime, mean, tiny
un infirme, cripple, invalid
s'informer, to make inquiries
ingrat, ungrateful
inhabile, awkward, unskilled
inquiet, anxious, uneasy
insensible, unconscious
insigne, famous

inspecter, to inspect
instantané, instantaneous
intact, untouched
interdit, forbidden
interpeller, to call upon, challenge
intervenir, to intervene
intrigué, puzzled, intrigued
invoquer, to invoke
l'iode (m.), iodine
l'ivoire (m.), ivory
ivre, intoxicated
l'ivresse (f.), intoxication

jaillir, to gush
jaloux, jealous
jamais, never
la jambe, leg
japonais, Japanese
le jardin, garden
jaser, to chatter
jaune, yellow
jaunir, to turn yellow
le jet, spurt, gush
le jet d'eau, fountain
jeter, to throw; *jeter un cri*, to utter a cry
le jeu, game
jeun, à jeun, hungry, fasting
jeune, young
la jeunesse, youth
joindre, to join
joli, pretty
le jonc, reed, rush
jouer, to play; *se jouer (de)*, to sport (with)
jouir, to enjoy
le jour, day, daylight
le jouvenceau, young man (archaic)
joyeux, joyous
jurer, to swear
jusqu'à, until, as far as
jusques, until
juste-milieu, 'middle of the road'; a believer in the political philosophy of remaining half-way between left and right

le kriss, Malayan dagger

là, there
lâche, cowardly
là-dessus, thereupon
la laine, wool
laisser, to leave, allow
le lait, milk
la laitière, milkmaid
la lame, blade
la lance, spear
lancer, to throw

le langage, language, way of speaking
langoureux, languishing
la langueur, langour
languissant, languishing
large, wide; *au large*, out at sea
la larme, tear
las, tired
las, alas
se lasser, to grow tired
le laurier, laurel, bay
la lave, lava
lécher, to lick
le lendemain, morrow
lentement, slowly
la lenteur, slowness
la lèse-majesté, high-treason
leur, their
lever, to raise; *lever l'ancre*, to weigh anchor
la lèvre, lip
le lévrier, greyhound
la libellule, dragon-fly
la lie, dregs
le lien, link
la liesse, joy
le lieu, place; *au lieu de*, instead of
la lieue, league
le lilas, lilac
la lime, file
le lin, linen
le linceul, shroud
le linge, linen, cloth
lire, to read
la lisière, edge of forest
lisse, smooth, glossy, shining
le lit, bed
le livre, book
loger, to lodge, accommodate
la loi, law
loin, far
au loin, afar
le lointain, distance
le loisir, leisure
long (f. *longue*), long; *le long de*, along
lorsque, when
la louange, praise
loué, hired
louer, to praise; hire out
le loup, wolf
le loup-cervier, lynx
lourd, heavy
la louve, she-wolf
le louveteau, wolf-cub
lu, read
la luciole, firefly
la lueur, glow, gleam
lugubre, dismal
luire, to shine
la lumière, light

la lune, moon
le lustre, chandelier
Lutèce, old name for Paris
le luth, lute
lutter, to struggle
le luxe, luxury
la lyre, lyre
le lys, lily

Machin, Monsieur Machin, Mr What's-his-name
la mâchoire, jaw
le madrépore, madrepore (kind of coral)
le magicien, magician
la main, hand
maint, many a
le maire, mayor
la mairie, Town Hall
mais, but
la maison, house
la maisonnette, little house, cottage
le maître, master
maîtriser, to master, control
la maîtresse, mistress
mal, badly
maladroit, clumsy
malaisé, hard
malgré, in spite of
le malheur, unhappiness
la mamelle, breast
le manchon, muff
manger, to eat
manier, to handle, wield
manquer, to lack
le manteau, coat; *le manteau de pluie*, rain-coat
la marâtre, hard-hearted mother
le marbre, marble
la marche, step, stair
marcher, to walk
la mare, puddle
la marée, tide
marin, marine
le marmot, brat
le maroufle, scoundrel
marri, sorry
Mars, Mars, god of war, March
le masque, mask
le mât d'artimon, mizzen-mast
le mât de misaine, foremast
le matelot, sailor
le matin, morning
la mâture, mast
maudire, to curse
mauvais, bad
les maux (m.), ills
la mèche, wick, lock of hair
le médaillon, medallion, locket

le médecin, doctor
médire (de), to speak ill (of)
(se) mêler, to mix
le mélèze, larch
la mémoire, memory
le mendiant, beggar
le mensonge, lie
la menthe, mint
le mépris, scorn
la méprise, mistake
la mer, sea
la mère, mother
le merle, blackbird
la merveille, marvel
mettre, to put; *mettre à la voile*, to set sail; *se mettre à*, to begin; *mettre de longues années*, to take many years; *comme on s'est mis*, how one looks
mettre pied à terre, to dismount
le meuble, piece of furniture
la meule, millstone
se meurtrir, to be bruised, battered
mieux, better; *tant mieux*, so much the better
midi, midday
la mie, crumb; darling
mignon, darling
le milieu, middle
mince, thin
miner, to undermine, sap
minuit, midnight
la minute, minute; *à la minute*, at a moment's notice
le mioche, mite, small child
mirer, to mirror
le miroir, mirror
la misère, poverty, misery
la mitraille, grape-shot
à mi-voix, in an undertone
le mode (mineur), (minor) key
moduler, to modulate
moindre, less; *le moindre*, least
moisi, musty, mouldy
la moisson, harvest
le moissonneur, harvester
la moiteur, moistness
mollement, softly
le moment, moment
mondain, worldly
le monde, world; *tout le monde*, everyone
monotone, monotonous
le mont, mountain
la montagne, mountain
montant, uphill
monté, on horseback
monter, to rise, climb
la montre, watch

la monture, mount, horse
moqueur, derisive, scoffing
le morceau, bit, morsel
moribond, dying, moribund
morne, melancholy
mort, dead
la mort, death
la Moscovie, old name for Russia
moscovite, Russian
le mot, word
mou, molle, soft
la mouche, fly; *mouche à miel*, honey
  bee
le mouchoir, handkerchief
mouillé, wet
le moulin, mill
la mousse, moss, froth, foam
mousser, to froth, foam
moussu, mossy
moutonner, to foam, be covered with
  white horses
le mouvement, movement
muet, mute, silent
mugir, to bellow, rumble
le muguet, lily of the valley
multicolore, multi-coloured
la mûre, blackberry
mûri, ripened
le musc, musk
le musicien, musician
le myosotis, forget-me-not
le mystère, mystery

la nacre, mother-of-pearl
la nageoire, fin
naguère, formerly
nain, dwarf, miniature
le nain, dwarf
la nappe, sheet
la narine, nostril
natal, native
natif, native
le naufrage, shipwreck
le navire, boat
le néant, nothingness
négligemment, heedlessly
neiger, to snow
nenni, nay (archaic)
le nénuphar, water-lily
la néréide, nereid, sea-nymph
le nerf, nerve
net, neat, clean
le nid, nest
les noces (f.), wedding
Noël, Christmas
le noël, Christmas carol
le nœud, knot
noir, black
noirci, dark

le nom, name; *au nom de*, in the
  name of
nommer, to name
le notaire, notary
le nœud, knot
la nourrice, wet-nurse
le nourricier, foster-father
nourrir, to nourish, feed
la nouvelle, announcement
novembre, November
se noyer, to drown
nu, naked
le nuage, cloud
la nue, cloud
la nuit, night
nul, no, none
nuptial, nuptial
la nuque, nape of the neck
la nymphe, nymph

obscur, dark, obscure
les obsèques (f.), funeral
observer, to observe
un obus, shell
l'occident (m.), west
ocreux, ochrous, yellowish
un octogénaire, man of eighty
  years of age
une odeur, smell
odorant, fragrant, sweet-smelling
un œil (pl. *yeux*), eye
un œuf, egg
une œuvre, work
offrir, to offer
un ogre, ogre
un oiseau, bird
un oiseau-lyre, lyre-bird
l'oiselle (f.), bird
un ombrage, shade
une ombre, shadow
ombreux, shadowy
une onde, wave; water
une ondulation, undulation
un ongle, nail
un onguent, ointment, unguent
opportun, opportune, timely
or, now
l'or (m.), gold
un orage, storm
ordonner, to command
l'orge (f.), barley
orgueilleux, proud
l'orient (m.), east
original, first, original
orner, to decorate, deck
une ornière, rut
un os, bone
oser, to dare
un osier, willow

ou, or
où, where
un oubli, oblivion
oublier, to forget
ouïr, to hear
un ouragan, hurricane
l'ourse, *la grande Ourse*, the Great Bear
un oursin, sea-urchin
une outre, goatskin bottle
un ouvrage, work
ouvrir, to open
oyant, hearing

le pacte, pact
la paille, straw
le pain, bread
le pair, peer, equal
paisible, peaceful
paître, to graze
la paix, peace
le palais, palace
le palefroi, palfrey
pâlot, rather pale
palpiter, to beat
le pampre, vine-branch
le panier, basket
pansu, pot-bellied
panteler, to pant, gasp
la panthère, panther
la pantoufle, slipper
le paon, peacock
le papier, paper
la pâquerette, daisy
par, through, by; *par-dessus*, above
paraître, to appear
par delà, beyond
le parasol, parasol
la parcelle, particle
pareil, like
parer, to adorn
paresseux, lazy, idle
parfois, sometimes
le parfum, perfume
parmi, among
la Parque, the Parca, the goddess of human destiny
la partance, departure; *en partance*, outward bound
partout, everywhere
la parure, ornament
le pas, step, pace
le passant, the passer-by
le passé, past
passer, to pass
passionné, passionate
le patriarche, patriarch
le patron, master, skipper
la patte, paw

la pâture, pasture
la paupière, eyelid
pauvre, poor
le pavé, pavement, slab
le pavois, large shield
le pays, country
le paysage, landscape
la peau, skin
le pêcher, peach-tree
la pécore, animal (archaic)
peigner, to comb
peindre, to paint
la peine, trouble, pains; *à peine*, scarcely, hardly
pelé, bare, bald
le pèlerin, pilgrim
penché, leaning
pencher, to lean
pendant, during; *pendant que*, while
pendre, to hang
le pendu, hanged man
la pensée, thought
penser, to think
pensif, thoughtful
le pensionnat, boarding-school
le perce-neige, snowdrop
percer, to pierce
perché, perched
perdre, to lose
se perfectionner, to become perfect
périr, to die
la perlette, small pearl
le perruquier, wig-maker
la perte, loss
pervers, perverse
pesant, heavy
peser, to weigh
petit, little
le peuplier, poplar
le phare, lighthouse
le phénix, phoenix
le pic, peak
le piège, trap, snare
la pierre, stone
les pierreries (f.), jewels, gems
le pilier, pillar
le pinceau, brush
piquer, to sting
pis, worse; *tant pis*, so much the worse
piteusement, pitifully
le pitre, clown; *faire le pitre*, to play the clown
la place, square
placer, to place
le plafond, ceiling
le plaideur, litigant
la plaie, wound, sore
se plaindre, to complain

la plaine, plain
la plainte, complaint, lament
plaire, to please
planer, to glide
la planète, planet
planter, to plant
plat, flat
plein, full
la plénitude, fullness
le pleur, tear
pleurer, to weep
pleuvoir, to rain
le pli, fold
plissé, pleated, in folds
plonger, to dive, plunge
ployer, to bend
la pluie, rain
le plumage, plumage, feathers
la plume, feather
le plumeau, feather-duster
plus, more
le poète, poet
la poignée, handful
le point, point
au point de, to the point of
le point du jour, daybreak
pointu, pointed
les pois (m.), peas
le poisson, fish
la poitrine, chest
poli, polished
la pomme, apple
pompeux, pompous
le pont, bridge
le porc, pig
le porche, porch
le portail, portal, door
la porte, door, gate
le porte-plume, fountain-pen
le portrait, portrait
poser, to place, pose; *poser un problème*, to pose a problem
le pot au lait, milkpail
la poudre, powder, gunpowder
poudrer, to powder
poudreux, dusty
poudroyer, to form clouds of dust
la poulaille, poultry, chickens
le poulailler, fowl-yard
le poulain, colt
la poule, hen
le poulet, chicken
la poulie, pulley
le poumon, lung
pour, for, in order to
pourpre, dark red, crimson
pourpré, dark red
la pourpre, purple (robe)
pourrin, to rot

poursuivre, to pursue
pousser, to push
la poussière, dust
la poutre, beam, joist
pouvoir, to be able
la prairie, prairie, meadow
le pré, meadow
prédestiner, to predestine
premier, first
prendre, to take, catch
près (de), near
se présenter, to present oneself
le président, presiding judge
prêt, ready
prétendre, to claim, undertake, intend
prêter, to loan
prêteur, a lender
le preux, valiant knight
prier, to beg, pray
le printemps, spring
la prise, capture
priser, to esteem
le prix, price
la probité, honesty
le procès, trial
le prodige, prodigy; *un enfant prodige*, child prodigy
se prodiguer, to be wasteful, lavish
le professeur, teacher
profiler, to stand out
profond, deep
la proie, prey
le projet, plan
promener, to take for a walk
la promesse, promise
promettre, to promise
propager, to spread abroad
propice, propitious
proposer, to propose
propre, own, clean
protocolaire, according to protocol
la proue, prow
prudent, prudent, careful
la prunelle, eyeball, pupil
pudique, modest, chaste
puis, then
puissant, powerful
le puits, well
le pupitre, desk

le quai, quay
quand, when
quel, what, which
quelque, some; *quelque chose*, something
quelquefois, sometimes
la querelle, plaint
questionner, to question

la queue, tail
les quilles (f.), skittles, ninepins
quitter, to leave
quoique, although

le rabbin, rabbi
raccommoder, to mend
racheter, to buy again
raconter, to tell
radoter, to drivel, talk nonsense
le raifort, horse-radish
le raisin, grape
la raison, reason, reasoning
rajeunir, to renew, rejuvenate
ralentir, to slow down
râler, to make a rattling noise in the throat
rallier, to rally
rallumer, to light again
le ramage, song (of a bird)
la rame, oar
le rameau, branch
ramener, to bring back
ramer, to row
le rameur, rower
ramper, to creep, crawl
le rang, rank
la rangée, row, rank, line
ranimer, to revive, stir up
le rapport, yield, profit, connection
se rapporter (à), to correspond to
rauque, raucous
ravi, delighted
ravir, to ravish, snatch
le rayon, ray
le rayonnement, radiance
rayonner, to shine
rebondir, to bounce off
recevoir, to receive
le réchaud, stove
le récit, tale
réclamer, to beg for, call out for
recueillir, to gather, collect; *se recueillir,* to meditate
redevenir, to become again
redouter, to fear
le réduit, redoubt, closet
refermer, to close again
refleurir, to blossom again
le reflux, ebb-tide
le regard, glance, look
regarder, to look (at); *regarder de travers,* to look sideways
regretter, to regret
relire, to reread
remercier, to thank
le remords, remorse
remplacer, to replace
remplir, to fill

remuer, to stir
renaître, to be reborn
le renard, fox
rendre, to give back
se rendre, to surrender
rendu, exhausted
renifler, to sniff
rentrer, to go back, return
renvoyer, to send back, send away
répandre, to spread
repartir, to set out again; retort
repasser, to iron
répondre, to answer
se répondre, to answer each other; correspond
le repos, rest
se reposer, to rest
repu, sated, fed
résister, to resist
se résoudre, to resolve
respirer, to breathe
la ressemblance, likeness, resemblance
ressembler, to resemble
rester, to remain
restituer, to return, replace
retenir, to hold back
retentissant, echoing
retenu, restrained
retomber, to fall again
le retour, return
retourner, to return
la retraite, retreat, lair
retroussé, turned up
retrouver, to find again
réuni, brought together, united
la réussite, success
la revanche, revenge
le rêve, dream
se réveiller, to wake up
revendre, to resell
rêver, to dream
le réverbère, street-lamp
revêtir, to (re-)clothe
revivre, to relive
revoir, to see again
la ride, wrinkle
le rideau, curtain
rire, to laugh
le rire, laughter; *le fou rire,* uncontrollable laughter
le risque, risk
le rivage, shore
la rive, shore
la rivière, river
la robe, dress
le rocher, rock
rôder, to prowl, roam
le roi, king
roide, steep

le roitelet, wren
la romance, ballad
rompre, to break
le rond, circle, ring
ronger, to gnaw
le roquet, cur, dog
rose, pink
la rose, rose
le roseau, reed
la rosée, dew
le rossignol, nightingale
rouge, red
rougeâtre, reddish
rougi, reddened
rougir, to grow red
rouillé, rusty
rouler, to roll
la route, road
les routiers (m.), soldiers who lived on pillage
roux, rousse, russet, red-haired
le royaume, kingdom
le ruban, ribbon
la ruche, beehive
rude, rough
se ruer, to rush
rugir, to roar
rugueux, rugged, rough
le ruisseau, stream
la rumeur, noise
russe, Russian
rutilant, shining

le sable, sand
sablonneux, sandy
le sac, bag
le sachet, small bag, sachet
sacré, sacred
sage, good, well-behaved
le sage, wise man
la sagesse, wisdom
saigner, to bleed
sain, healthy
saint, sacred, holy
la sainte, saint
se saisir (de), to seize
le saltimbanque, showman, mountebank
saluer, to greet, salute
salut, hail, greeting
sanglant, bloody
le sanglot, sob
sangloter, to sob
sans, without
le sans-cœur, heartless person
la santé, health
le sapin, fir
satisfaire, to satisfy
le saule, willow

sauter, to jump
sauvage, wild
sauver, to save
savant, learned
savoir, to know
savourer, to savour
le sceptre, sceptre
scintiller, to scintillate, shine
sculpter, to carve, sculpt
le seau, bucket
sec (f. sèche), dry
le secours, help
sédentaire, sedentary
le seigle, rye
le seigneur, lord
le sein, breast
le séjour, sojourn; abode; palace
séjourner, to stay
le sel, salt
les semailles (f.), sowing
semblable, like, similar
semer, to sow
le sens, sense
la senteur, smell
le sentier, path
sentir, to feel, smell
se séparer (de), to part (with)
sept, seven
sérieux, serious
le serment, oath
serrer, to press, squeeze
le servage, bondage
servile, slavish
le seuil, threshold
seul, alone
seulement, only
la sève, sap, vigour
le siècle, century
la sieste, nap
siffler, to whistle
le signe, sign
signer, to sign
le silence, silence
le sillon, furrow
simple, simple
simplement, simply
sinon, if not, unless
la sirène, siren
la sœur, sister
le soin, care; *avoir soin*, to take care
le soir, evening
le soleil, sun
le solfège, sol-fa
sombre, dark
sombrer, to sink
le somme, sleep, nap
le sommeil, sleep
sommeiller, to slumber
le sommet, summit

le son, sound; bran
la sonde, plummet (for measuring the depth of water), sounding-line
songer, to muse
sonner, to sound, ring
sonore, sonorous
le sophi, emperor of Persia
le sorcier, magician
le sort, fate, lot
sortir, to go out
la sottise, silliness
le souci, worry, care
soucieux, worried
soudain, sudden
souffler, to blow
souffrir, to suffer
soulager, to relieve
soulever, to raise
le soulier, shoe
soupirer, to sigh
la source, spring
le sourci (old spelling of *sourcil*), eyebrow
sourd, deaf, dull
sourire, to smile
le souris (old form of *sourire*), smile
sournoisement, craftily
se soustraire, to elude, avoid
le souvenir, memory
se souvenir, to remember
souvent, often
le spectre, ghost
la splendeur, splendour
splendide, splendid
le steamer, steamer
steller, to star, dot
stoïque, stoical, resigned
le store, blind, shade
subir, to undergo
subit, sudden
subsister, to survive
succomber, to yield, succumb
le sucre, sugar
la sueur, sweat
suffocant, stifling, suffocating
suintant, oozing
suivre, to follow
sur, on
sûr, sure, certain
suranné, old-fashioned, out of date
surgir, to rise up
surnager, to float
survenir, to come along
sus, up
suspendre, to suspend, halt
svelte, slender
le symbole, symbol

le tableau, picture

le tableau noir, black-board
la tâche, task
tacher, to spot
la taille, size
le taillis, thicket
se taire, to be silent
tanguer, to pitch
tant, so, so much
tant que, as long as
tapageur, rowdy
tard, late
tarir, to dry up
le tas, heap, pile
la tasse, cup
le taudis, hovel
teindre, to tint
le teint, colouring, complexion
la témérité, temerity
le témoin, witness
la tempe, temple
la tempête, tempest
le temps, time
les tenailles (f.), pincers
tendre, to extend, hold out
la tendresse, tenderness
les ténèbres (f.), shadows
ténébreux, shadowy
tenir, to hold
tenter, to tempt
le terme, end
ternir, to tarnish, dim
la terrasse, terrace
la tête, head
téter, to suck, take milk from
le thym, thyme
tiède, warm
le tilleul, lime-tree
le timon, pole of a vehicle
tinter, to ring
le tiraillement, pang, twinge
le tire-bouchon, corkscrew
tirer, to draw
tisser, to weave
la toile, canvas; *la toile d'araignée*, spider's web
la toison, fleece
le toit, roof
la tombe, tomb
le tombeau, tomb
tomber, to fall
le tonneau, cask
tonner, to thunder
tordre, to twist
le torse, trunk
toucher, to touch
touffu, leafy
toujours, always
la tour, tower

le tour, turn; trick
tour à tour, in turn
le tourbillon, whirlwind, surging mass
le tournant, turn, bend (in a road)
tout, all; *tout en*, while
tout à l'heure, presently
trafiquer, to trade, deal
traîner, to trail
traître, treacherous
tranquille, quiet, calm
tranquillement, quietly, calmly
transporté, enraptured
transporter, to transport, carry
les transports (m.), ecstasy
traquer, to track down
le travail, work
se travailler, to strain
traverser, to cross; *à travers*, across, through
la treille, climbing vine
le treillis, trellis
trembloter, to quiver, flicker
se tremper, to soak
le tremplin, springboard
le trépas, death
le trésor, treasure
tressaillir, to tremble, thrill
la tresse, plait
tresser, to plait, weave
les tréteaux (m.), stage, boards
la tribu, tribe
le tribun, tribune
le tricot, knitting; *faire du tricot*, to knit
tricoter, to knit
triste, sad
trois, three
la trompe, trunk
tromper, to deceive
trompeur, deceitful
le tronc, trunk
le trône, throne
trôner, to sit enthroned
trop, too, too much
le trou, hole
troubler, to disturb
le troupeau, herd
trousser, to tuck up
trouver, to find

l'usage (m.), experience (archaic)
s'user, to wear out
utile, useful

la vache, cow
vagabond, roving, vagabond
vain, vain

le vaisseau, vase (archaic)
le vaisseau, vessel
la vaisselle, plates and dishes
la vallée, valley
valoir, to be worth; *valoir mieux*, to be better
la vapeur, mist
le vase, vase
le vaurien, good-for-nothing
le vautour, vulture
le veau, calf
la veille, vigil
la veillée, evening spent in company
veiller, to keep awake
la veine, vein
le velours, velvet
velu, shaggy
venant, à tout venant, to all comers
venger, to avenge
venir, to come
le vent, wind; *les vents alizés*, trade winds
le ventre, belly
Vénus, Venus
la vêprée, evening
les Vêpres (f.), Vespers
le ver, worm
verdâtre, greenish
verdoyer, to be green
la verdure, verdure, greenery
le verger, orchard
le verglas, glazed frost
la vergue, yard (of ship)
la vérité, truth
vermeil, bright red
vermiculé, worm-eaten
le vermisseau, small earth-worm
le verre, glass
vers, towards
le vers, line of poetry
le versant, slope
verser, to pour
vert, green
vêtu, dressed; *court vêtue*, in a short dress
le veuf, widower
veule, weak, flabby
la veuve, widow
vibrer, to vibrate
vide, empty
le vieillard, old man
les vieilleries (f.), old things
la vierge, virgin
vieux (f. *vieille*), old
vif, lively
le village, village
la ville, town
le vin, wine
le violon, violin

le visage, face
vite, quickly
la vitesse, speed
le vitrail (pl. *vitraux*), glass window
la vitre, window-pane
les vivres (m.), provisions
voguer, to sail
la voie, path
la voile, sail
le voile, veil
le voisin, neighbour
le voisinage, neighbourhood
la voiture, vehicle
le vol, flight
voler, to fly

la volupté, delight, sensuousness
la volute, volute, spiral
vorace, voracious
vouer, to vow
vouloir, to want, wish
la voûte, vault; *la voûte azurée*, sky
se voûter, to become bent
voyageur, travelling
vrai, true, real

le wasserfall, waterfall

la zagaie, native javelin
le zénith, zenith
le zéphyr, zephyr, breeze